Concentração por Aquisição de Controle

Concentração por Aquisição de Controle
ANÁLISE CONCORRENCIAL ANTES E DEPOIS DA LEI Nº 12.529/11

2014

Cynthia C. O. Bertini

CONCENTRAÇÃO POR AQUISIÇÃO DE CONTROLE
© Almedina, 2014

AUTOR: Cynthia C. O. Bertini
DIAGRAMAÇÃO: Edições Almedina S.A.
DESIGN DE CAPA: FBA
ISBN: 978-856-31-8255-5

Dados Internacionais de Catalogação na Publicação (CIP)
(Câmara Brasileira do Livro, SP, Brasil)

Bertini, Cynthia
Concentração por aquisição de controle /
Cynthia Bertini. -- 1. ed. -- São Paulo :
Almedina, 2014.
ISBN 978-85-63182-55-5
1. Aquisição de controle 2. Atos de
concentração 3. Concorrência - Leis e legislação -
Brasil 4. Direito empresarial - Brasil
5. Empresas - Fusões e aquisições 6. Sociedades -
Brasil I. Título.

14-02734   CDU-34:338.93(81)

Índices para catálogo sistemático:
1. Brasil : Securitização de créditos vencidos
e pendentes de pagamento : Direito financeiro
34:336.76(81)

Este livro segue as regras do novo Acordo Ortográfico da Língua Portuguesa (1990).

Todos os direitos reservados. Nenhuma parte deste livro, protegido por copyright, pode ser reproduzida, armazenada ou transmitida de alguma forma ou por algum meio, seja eletrônico ou mecânico, inclusive fotocópia, gravação ou qualquer sistema de armazenagem de informações, sem a permissão expressa e por escrito da editora.

Maio, 2014

EDITORA: Almedina Brasil
Rua Maria Paula, 122, Cj. 207/209 | Bela Vista | 01319-000 São Paulo | Brasil
editora@almedina.com.br
www.almedina.com.br

Prefácio

A concentração econômica a partir da aquisição de controle está entre os temas que mais exigem do advogado concorrencial uma análise atenta e com viés no Direito Societário para definir se uma operação deve ou não ser submetida para análise da autoridade de defesa da concorrência (CADE). Tal exigência não é nova, surge a partir de 1994 com a vigência da Lei nº 8.884, mas se intensifica com o advento da Lei nº 12.529, de 2011, segundo a qual as operações devem ser submetidas previamente à análise do CADE e caso elas sejam consumadas antes da sua apreciação (*gun jumping*), além da multa pecuniária, poderão ser desfeitas.

"Uma moeda. Duas faces. Em uma comparação metafórica, poder-se-ia dizer que o direito societário e o direito concorrencial são faces de uma mesma moeda quando analisados sob o prisma constitucional". Com tal citação inicia-se a presente obra de Cynthia Bertini intitulada *Concentração por aquisição de controle: análise concorrencial antes e depois da Lei nº 12.529/11*, que tenho a honra em prefaciar. Desde o início, portanto, percebe-se que a autora não se furtará de abordar a aquisição de controle pelo viés societário, buscando seus fundamentos, para relacioná-los com o seus aspectos concorrenciais. Mais, a pesquisa acerca do tema no âmbito do Direito da Concorrência é intensa ao analisar o entendimento do CADE sobre a caracterização de atos de concentração por aquisição de controle de sociedades sob a égide das Leis de Defesa da Concorrência, ou seja, desde 1994, traçando paralelos com conceitos societários, influência relevante, efeitos concorrenciais e participações passivas.

No capítulo 1, "Confrontos preliminares entre o direito societário e o direito concorrencial", a autora oferece ao leitor a confrontação de princípios, escopos, definições entre o direito societário e o direito concorrencial sobre o tema, em itens como "a definição de controle e influência significativa para o direito societário", "ausência de definição de controle e influência relevante na legislação concorrencial", e "grupo para o direito societário e para o direito concorrencial".

Já no capítulo 2, "Elementos societários internos de configuração de controle e influência relevante a efeitos concorrenciais", a autora se ocupa da "composição acionária/societária da sociedade", da "estrutura organizacional da sociedade", das "matérias de competência de acionistas/sócios", das "matérias de competência do conselho de administração" e "disposições estatutárias e/ou contratuais".

Por fim, no capítulo 3, "Controle societário a efeitos concorrenciais", Cynthia se debruça sobre o tema e detalhadamente analisa o "controle concorrencial único e compartilhado", "controle concorrencial em sociedade por ações aberta" e "influência relevante e participações passivas", pesquisando relevantes julgados do CADE.

Conciliar o tema proposto a partir do Direito Societário e do Direito Concorrencial para entender como o CADE vem se posicionando não foi tarefa fácil, mas a dedicação da autora culminou com um trabalho precioso, com intensa pesquisa doutrinária e jurisprudencial que não se ateve ao Brasil, traduzido em uma linguagem clara que se confirma verdadeira fonte de pesquisa para estudiosos da matéria e um guia necessário para aqueles que se deparam ou irão se deparar com o tema na prática profissional.

Com grande satisfação e alegria pude orientar Cynthia Bertini em sua monografia apresentada ao Programa de L.LM em Direito Societário do Insper – Instituto de Ensino e Pesquisa, e acompanhar toda a seriedade, dedicação e qualidade da pós-graduada. E com a mesma satisfação e alegria vejo o trabalho acadêmico e de grande utilidade prática da ora autora ser publicado.

São Paulo, 03 de abril de 2014.

Vicente Bagnoli
Professor da Faculdade de Direito da Universidade Presbiteriana Mackenzie, Professor convidado da Pós-Graduação do Insper e Presidente da Comissão de Estudos da Concorrência e Regulação Econômica da Ordem dos Advogados do Brasil, Seção de São Paulo.

A minha querida família, em especial minha mãe,
por todo o apoio, carinho e confiança.

Ao Prof. Dr. Vicente Bagnoli, por todo o apoio e orientação.

LISTA DE SIGLAS E ABREVIATURAS

CADE	Conselho Administrativo de Defesa Econômica.
Código Civil	Lei nº 10.406, de 10 de janeiro de 2002.
Comunicação Consolidada da Comissão Europeia em Matéria Concorrencial	Comunicação Consolidada da Comissão Europeia em Matéria Concorrencial sobre o Regulamento CE nº 139/2004.
Constituição Federal	Constituição da República Federativa do Brasil de 1988.
CVM	Comissão de Valores Mobiliários.
Exposição de Motivos da Lei nº 6.404/76	Exposição de Motivos nº 196, de 24 de junho de 1976, do Ministério da Fazenda.
Instrução CVM nº 361/02	Instrução CVM nº 361, de 5 de março de 2002, que dispõe sobre o procedimento aplicável às ofertas públicas de aquisição de ações de companhia aberta, dentre outros temas.
Lei nº 10.303/01	Lei nº 10.303, de 31 de outubro de 2001, que alterou a Lei nº 6.404/76 e a Lei nº 6.385/76.
Lei nº 11.941/09	Lei nº 11.941, de 27 de maio de 2009, que alterou a Lei nº 6.404/76.
Lei nº 12.529/11	Lei nº 12.529, de 30 de novembro de 2011, que estruturou o Sistema Brasileiro de Defesa da Concorrência e dispõe sobre a prevenção e repressão às infrações contra a ordem econômica.
Lei nº 6.385/76	Lei nº 6.385, de 7 de dezembro de 1976, que dispõe sobre o mercado de valores mobiliários e criou a CVM.

Lei nº 6.404/76	Lei nº 6.404, de 15 de dezembro de 1976, que dispõe sobre as sociedades por ações.
Lei nº 8.884/94	Lei nº 8.884, de 11 de junho de 2004, que transformou o CADE em autarquia e dispõe sobre a prevenção e a repressão às infrações contra a ordem econômica.
Regulamento CE nº 139/2004	Regulamento da Comissão Europeia nº 139, de 20 de janeiro de 2004, que dispõe sobre o controle de concentrações de empresas.
Resolução CADE nº 01/2012	Resolução CADE nº 01, de 29 de maio de 2012, que aprova o regimento interno do CADE.
Resolução CADE nº 02/2012	Resolução CADE nº 02, de 29 de maio de 2012, que disciplina os procedimentos de notificação dos atos da Lei nº 12.529/11.
Resolução CADE nº 15/98	Resolução CADE nº 15, de 19 de agosto de 1998, que disciplina as formalidades e os procedimentos no CADE, relativos aos atos de que trata o artigo 54 da Lei nº 8.884/94.
STJ	Superior Tribunal de Justiça
Súmula CADE nº 02/2007	Súmula do CADE nº 02, de 22 de agosto de 2007.

INTRODUÇÃO

Como advogada atuante na área de fusões e aquisições, compartilho com os demais profissionais da área um questionamento corriqueiro: "quais operações societárias seriam de subsunção obrigatória ao CADE?".

Isso se deve ao fato, principalmente, de que a concepção societária de controle é, por vezes, distinta daquela concorrencial.

Um posicionamento claro e oficial sobre o conceito de controle para fins concorrenciais é essencial para o bom funcionamento do sistema de prevenção a infrações contra a ordem econômica. Por um lado, os participantes do mercado adquirem maior segurança com relação a quais operações estariam sujeitas à aprovação do CADE. Por outro lado, o CADE focaria sua análise em operações que efetivamente poderiam representar uma preocupação significativa sob o ponto de vista concorrencial.

Com a recente promulgação e entrada em vigor da Lei nº 12.529/11 que passou a dispor, dentre outros temas, sobre a prevenção às infrações contra a ordem econômica, julguei ser um momento oportuno para pesquisar o entendimento do CADE sobre a caracterização de atos de concentração por aquisição de controle.

Para tanto, adotei como metodologia de pesquisa a análise da legislação aplicável (em particular, a Lei nº 10.406/02, a Lei nº 6.404/76, a Lei nº 8.884/94 e a Lei nº 12.529/11, incluindo as respectivas regulamentações), as principais doutrinas e a jurisprudência dos tribunais, da CVM e do CADE sobre o tema.

No decorrer de minha pesquisa, notei que a caracterização de controle societário a efeitos concorrenciais tratava-se de tarefa muito mais complexa do que a inicialmente imaginada. O direito concorrencial faz diversas referências a terminologias de natureza essencialmente societária em assuntos relacionados ao controle de sociedades. Tais referências não se limitam à terminologia de "controle" em si, como a redundância das palavras levaria a crer em um primeiro momento. Mas também a outras terminologias como "influência sobre sociedades" e "grupos de sociedades". Não obstante isso, tais terminologias societárias ganham particularidades sob a perspectiva concorrencial que, por sua vez, desenvolve seus próprios conceitos e terminologias, como "influência dominante", "influência relevante" e "participações acionárias/societárias passivas".

No que pese e em adição ao anterior, os julgados do CADE costumam empregar tais terminologias de forma indistinta e, quando as distinguem, não necessariamente as embasam/justificam de maneira detalhada ou refletem posicionamentos pacíficos a respeito.

Diante do acima exposto, propus-me ao desafio de desenvolver o estudo sobre o controle societário a efeitos concorrenciais em três capítulos, sendo:

- o Capítulo 1 destinado a confrontar, em caráter preliminar, os princípios, escopos, definições e indefinições entre o direito societário e o direito concorrencial sobre a matéria;
- o Capítulo 2 destinado a analisar os elementos societários internos de configuração de controle e influência relevante a efeitos concorrenciais, incluindo composição acionária/societária e estrutura organizacional da sociedade, competência e quorum legal de deliberação dos acionistas/sócios e dos administradores, bem como disposições específicas do estatuto/contrato social e acordo de sócios/acionistas sobre matérias relacionadas à política comercial da sociedade; e
- o Capítulo 3 destinado a analisar pormenorizadamente (i) os tipos de controles acionários/societários a efeitos concorrenciais, (ii) o conceito de influência relevante e (iii) o fenômeno de participações acionárias/societárias passivas.

Espera-se, por fim, que as conclusões dos estudos acima possam contribuir na identificação dos principais componentes considerados e a serem considerados pelo CADE para a configuração de controle de sociedades à luz da nova legislação concorrencial, destacando posicionamentos já consolidados e aspectos ainda não definidos.

Feita a introdução que cabia, convido os leitores a prosseguirem nos próximos capítulos desta monografia.

1. CONFRONTOS PRELIMINARES ENTRE O DIREITO SOCIETÁRIO E O DIREITO CONCORRENCIAL

1.1 Considerações gerais

A concepção concorrencial de controle de sociedades é distinta, porém indissociável da societária. O direito concorrencial faz inúmeras referências a terminologias de natureza essencialmente societária para temas que envolvem o controle de sociedades. Tais referências não se limitam à terminologia de "controle" em si, como a redundância das palavras levaria a crer em um primeiro momento. Mas também a outras terminologias como "influência sobre sociedades" e "grupos de sociedades" para a configuração ou exclusão da relação de controle, contextualização da análise e identificação do controlador em última instância.

Essas terminologias nem sempre são, contudo, empregadas em âmbito concorrencial com os mesmos conteúdos e sentidos atribuídos originalmente pelo direito societário. E o direito societário nem sempre atribui, por sua vez, conteúdos e sentidos assentados e pacificados às suas próprias terminologias.

Por essa razão, a análise da abordagem concorrencial sobre o controle de sociedades requer, em caráter preliminar, a confrontação de princípios, escopos, definições e indefinições entre o direito societário e o direito concorrencial sobre o tema, conforme se pretende nos itens a seguir.

1.2 O direito societário e o direito concorrencial sob o prisma constitucional

Uma moeda. Duas faces. Em uma comparação metafórica, poder-se-ia dizer que o direito societário e o direito concorrencial são faces de uma mesma moeda quando analisados sob o prisma constitucional.

Ambos são instrumentos necessários e hábeis para perseguir, promover e defender os objetivos fundamentais da República Federativa do Brasil, dentre os quais destaca-se o desenvolvimento nacional (artigo 3º da Constituição Federal).

Ambos são indispensáveis para a manutenção de uma ordem econômica nos termos do artigo 170 da Constituição Federal, ou seja, uma ordem econômica fundada na valorização do trabalho humano e na livre iniciativa, apta a assegurar a todos existência digna, conforme os ditames da justiça social, observados os princípios de propriedade privada, função social da propriedade, livre concorrência, defesa do consumidor, redução das desigualdades regionais e sociais e busca do pleno emprego, dentre outros.

O direito societário regula e propicia a formação de diferentes tipos de sociedades e relações entre investidores e empreendedores que tenham por objetivo comum a reunião de recursos e conhecimentos para a execução de certa atividade. Essas sociedades tendem a gerar empregos, colaborar com o desenvolvimento produtivo, tecnológico e industrial nacional (conforme o ramo de atuação) e oferecer uma maior variedade de produtos e serviços ao consumidor.

A despeito de sua natureza privada, o direito societário é investido de função social. Como bem destaca Eduardo Secchi Munhoz, não se pode restringir a concepção do direito societário à disciplina das relações entre os acionistas/sócios de uma sociedade:

> Nesse contexto, o direito societário não pode ser entendido como um ramo do direito privado destinado a regular os interesses dos agentes econômicos, exercendo o papel exclusivo de pacificação de conflitos, numa concepção liberal *laissez faire*. Deve-se reconhecer ao direito societário a função de constituir instrumento de implementação de políticas públicas que objetivem a consecução dos valores consagrados pelo ordenamento jurídico. Assim, não cumpre ao

direito societário apenas a disciplina dos chamados interesses intrasocietários (interesses dos sócios).[1]

Daí, o incentivo constitucional à livre iniciativa e abordagem como fundamento da ordem econômica. Em um plano hipotético e perfeito, quanto maior a livre iniciativa, maior a livre concorrência e, consequentemente, maiores os benefícios sociais e políticos. De acordo com Paula Forgioni, os princípios constitucionais da livre iniciativa e da livre concorrência são "instrumentos da promoção da dignidade humana", não devendo ser considerados fins únicos em si, mas meios de concretização de bens superiores.[2] A respeito, Tércio Sampaio Ferraz Júnior ressalta que:

> a livre concorrência é forma de tutela do consumidor, na medida em que competitividade induz a uma distribuição de recursos a mais baixo preço. De um ponto de vista político, a livre concorrência é garantia de oportunidades iguais a todos os agentes, ou seja, é uma forma de desconcentração de poder. Por fim, de um ângulo social, a competitividade deve gerar extratos intermediários entre grandes e pequenos agentes econômicos, como garantia de uma sociedade mais equilibrada.[3]

Não obstante, a livre iniciativa também se trata de um mal em potencial porque pode aguçar instintos de maximização de lucros e culminar em atos contra a ordem econômica, prejudicando o desenvolvimento social. Sob este ângulo, ainda que o direito societário seja investido de função social conforme visto acima, pode se tornar um instrumento de materialização de interesses individualistas.

Em virtude do reconhecimento da bipolaridade que reveste a livre iniciativa, a Constituição Federal determina, em seu artigo 173, parágrafo 4º, que a lei reprimirá o abuso do poder econômico que vise à dominação

---

[1] MUNHOZ, Eduardo Secchi. **Empresa contemporânea e direito societário:** Poder de controle e grupos de sociedades. São Paulo: Editora Juarez de Oliveira Ltda., 2002. p. 27.
[2] FORGIONI, Paula A. **Os fundamentos do antitruste**. 3ª edição. São Paulo: Editora Revista dos Tribunais, 2008. p. 191.
[3] FERRAZ JÚNIOR, Tércio Sampaio. A economia e o controle do Estado. **O Estado de São Paulo**, São Paulo, 04 jun. 1989. p. 50.

dos mercados, à eliminação da concorrência e ao aumento arbitrário dos lucros. Segundo José Afonso da Silva, a livre iniciativa:

> num contexto de uma Constituição preocupada com a realização da justiça social (o fim condiciona os meios), não pode significar mais do que "liberdade de desenvolvimento da empresa no quadro estabelecido pelo poder público, e, portanto, possibilidade de gozar das facilidades e necessidade de submeter-se às limitações postas pelo mesmo. É legítima, enquanto exercida no interesse da justiça social. Será ilegítima, quando exercida com objetivo de puro lucro e realização pessoal do empresário.[4]

Ainda, da análise conjunta do artigo 170 e artigo 173, parágrafo 4º, ambos da Constituição Federal, ao observar que a livre concorrência é uma manifestação da livre iniciativa, José Afonso da Silva comenta que:

> Os dois dispositivos se complementam no mesmo objetivo. Visam tutelar o sistema de mercado e, especialmente, proteger a livre concorrência, contra a tendência açambarcadora da concentração capitalista. A Constituição reconhece a existência do poder econômico. Este não é, pois, condenado pelo regime constitucional. Não raro esse poder econômico é exercido da maneira anti-social. Cabe, então, ao Estado intervir para coibir o abuso.[5]

Cabe ao direito concorrencial, pois, a função de propiciar e manter estruturas saudáveis, competitivas e eficientes no mercado de forma a cumprir com sua função social perante consumidores e concorrentes, fomentando o desenvolvimento social.

Em termos genéricos, a principal e desafiadora tarefa do direito concorrencial consiste em proteger o mercado dos efeitos adversos de estruturas que atentem contra a ordem econômica. Essa proteção materializa-se, principalmente, por meio de duas formas: a repressiva e a preventiva.

---

[4] SILVA, José Afonso da. **Curso de direito constitucional positivo.** 32ª edição. São Paulo: Malheiros Editores, 2009. p. 794.
[5] Ibid., p.795.

A forma repressiva busca, como o próprio nome já diz, repreender e punir em sede administrativa e judiciária, conforme o caso, atos atentatórios à ordem econômica já praticados ou em andamento.

A forma preventiva cuida, por sua vez, dos chamados "atos de concentração". Esses atos são operações comerciais que, em tese, não configuram nenhuma infração em si. Como, por exemplo, operações de fusão, incorporação, cisão, aquisição de participações em sociedades, transferência de controle, associação, dentre tantas outras. No entanto, dadas as suas características e verificados certos requisitos de faturamento e/ou participação das sociedades envolvidas, essas operações poderiam causar um impacto adverso no mercado. Assim, previne-se esse risco sujeitando a materialização do ato em questão à aprovação do CADE.

Em síntese, tanto o direito societário como o direito concorrencial são necessários para o desenvolvimento nacional. De um lado, o direito societário viabiliza diferentes tipos de associação para o desenvolvimento de atividades da livre iniciativa e com isso estimula a concorrência entre os participantes do mercado e corrobora com os benefícios sociais e políticos decorrentes dessa relação. Por outro lado, o direito concorrencial fiscaliza as estruturas do mercado para mantê-las ou torná-las saudáveis, competitivas e eficientes, protegendo concorrentes e consumidores de possíveis instintos individualistas da livre iniciativa que atentem contra a ordem econômica.

1.3 A definição de controle e influência significativa para o direito societário

Antes do advento da Lei nº 6.404/76, que dispõe sobre as sociedades por ações, os temas de controle acionário/societário e influência significativa eram abordados pela legislação de forma muito tímida.

A Lei nº 6.404/76 inovou ao definir expressamente "acionista controlador" e ao lhe atribuir responsabilidade distinta e mais severa do que aos demais acionistas. De acordo com a Exposição de Motivos da Lei nº 6.404/76:

> (...) Esta é a inovação em que a norma jurídica visa a encontrar-se com a realidade econômica subjacente. Com efeito, é de todos sabido que as **pessoas jurídicas têm o comportamento e a idoneidade de quem as controla**, mas nem sempre o exercício desse

poder é responsável, ou atingível pela lei, porque se oculta atrás do véu dos procuradores ou dos terceiros eleitos para administrar a sociedade. Ocorre que a empresa, sobretudo na escala que lhe impõe a economia moderna, tem **poder e importância social** de tal maneira relevantes na comunidade que os que a dirigem devem assumir a primeira cena na vida econômica, seja para fruir do justo reconhecimento pelos benefícios que geram, seja para **responder pelos agravos a que dão causa**. (*negritei*)

O que impulsionou essa inovação foi a consciência de que o acionista controlador deveria exercer seu poder de controle de forma legítima e social, respondendo perante os demais acionistas, investidores, trabalhadores e comunidade em geral se por acaso cometesse abuso desse poder. Como a Exposição de Motivos da Lei nº 6.404/76 destacou:

> O princípio básico adotado pelo Projeto, e que constitui o padrão para apreciar o comportamento do acionista controlador, é o de que **o exercício do poder de controle só é legítimo para fazer a companhia realizar o seu objeto e cumprir sua função social**, e enquanto **respeita e atende lealmente aos direitos e interesses de todos** aqueles vinculados à empresa - o que nela trabalham, os acionistas minoritários, os investidores do mercado e os membros da comunidade em que atua. (*negritei*)

Não obstante essa conscientização dos possíveis reflexos da atuação do acionista controlador sobre a sociedade para fora dela (isto é, na comunidade em geral), a repressão ao abuso do poder de controle da Lei nº 6.404/76 foca-se principalmente no âmbito interno da sociedade (isto é, na proteção de acionistas minoritários e investidores).

A Lei nº 6.404/76 definiu "acionista controlador" (artigo 116) e determinou sua responsabilidade em caso de abuso de poder, exemplificando (não taxando) as modalidades em que este poderia ser cometido (artigo 117). No entanto, a Lei nº 6.404/76 não definiu "controle" por si só.

A concepção societária de "controle" é relevante não apenas para fins de responsabilização do controlador. Como mencionado acima, a Lei nº 6.404/76 tende a ser uma lei protecionista em prol dos acionistas minoritários, sendo que questões que giram em torno do controle acionário podem afetar ou validar direitos destes.

Por exemplo, a Lei nº 6.404/76 (conforme alterada pela Lei nº 10.303/01) determina que, no caso de alienação de controle de sociedade por ações aberta, o adquirente se obrigue a realizar oferta pública de ações com direito a voto de propriedade dos demais acionistas assegurando-lhes preço, no mínimo, igual a 80% do valor pago por ação com direito a voto integrante do bloco de controle (artigo 254-A). Entretanto, predomina o entendimento de que o conceito de controle para este caso não pode ser totalmente extraído da definição de acionista controlador por visar objetivo distinto. Segundo o Colegiado da CVM:

> Como se vê do art. 254-A, fala-se apenas em "alienação de controle", mas não se menciona o 'acionista controlador' ou se faz referência ao art. 116. O que quer a lei com esta omissão aparente? Ela faz sentido? Essa omissão faz com que a disciplina da oferta pública do art. 254-A afaste-se da disciplina para a responsabilização do 'acionista controlador'? Há justificativa para que a regra dos arts. 116 e 117 dirija-se a destinatários diferentes dos destinatários do art. 254-A? Analisando ambas as situações, reconheço que esses dispositivos tratam de situações diferenciadas. O art. 116, juntamente com o art. 117, tem por objetivo definir os requisitos para que um acionista seja considerado como acionista controlador e as responsabilidades que um tal acionista assume, caso aja como tal. Por isso, como em tantas outras hipóteses de responsabilidade subjetiva previstas no nosso ordenamento jurídico, juntou-se o poder (titularidade de direitos de voto, prevista na alínea 'a') e o agir (alínea 'b'), para que se possa imputar a responsabilidade alguém. Já o artigo 254-A tem finalidade muito diferente. Ele pretende conferir a possibilidade de uma 'compensação' à quebra da estabilidade do quadro acionário, permitindo que os acionistas minoritários alienem suas ações por um preço determinado em lei (que pode ser aumentado pelo estatuto social), quando essa estabilidade for perturbada.[6]

---

[6] BRASIL. Comissão de Valores Mobiliários. Proc. RJ 2005/4069, Reg. n. 4788/2005, Rel. Diretor Pedro Marcilio, 11 de abril de 2006. Disponível em: <http://www.cvm.gov.br/port/descol/respdecis.asp?File=4788-0.HTM.> Acesso em: 31 mai. 2013.

Importa ressaltar, contudo, que, ainda que a definição de acionista controlador da Lei nº 6.404/76 não possa ser, ou não seja, totalmente utilizada para questões que não versem sobre a responsabilidade do controlador na sociedade por ações, é indiscutível o fato de que foi fonte de inspiração para a concepção de controle acionário/societário em diversos cenários. Referida definição serviu de base para a caracterização de controle dos tipos de sociedades previstos no Código Civil de 2002, como é o caso das sociedades limitadas (item 1.3.2 abaixo). E não só isso. Serviu de base também para as concepções de controle acionário/societário empregadas em outros ramos do Direito, como o fiscal, trabalhista e regulatório, para os fins que cada qual preceitua dentro de suas respectivas competências.

1.3.1 Controle acionário e influência significativa segundo a Lei nº 6.404/76

O conceito de controle acionário é extraído do artigo 116, *caput*, e do artigo 243, parágrafo 2º, ambos da Lei nº 6.404/76, os quais definem "acionista controlador" e "sociedade controladora", respectivamente, nos seguintes termos:

> Art. 116. Entende-se por acionista controlador a pessoa, natural ou jurídica, ou o grupo de pessoas vinculadas por acordo de voto, ou sob controle comum, que:
> a) é titular de direitos de sócio que lhe assegurem, de modo permanente, a maioria dos votos nas deliberações da assembléia-geral e o poder de eleger a maioria dos administradores da companhia; e
> b) usa efetivamente seu poder para dirigir as atividades sociais e orientar o funcionamento dos órgãos da companhia.

> Art. 243. (...) § 2º. Considera-se controlada a sociedade na qual a controladora, diretamente ou através de outras controladas, é titular de direitos de sócio que lhe assegurem, de modo permanente, preponderância nas deliberações sociais e o poder de eleger a maioria dos administradores.

Com base nos artigos acima transcritos, identificam-se cinco elementos para a configuração de controle acionário, a saber:

(i) Sujeito

O *caput* do artigo 116 identifica três tipos de sujeitos como possíveis controladores de uma sociedade: (i) pessoa natural ou jurídica, (ii) grupo de pessoas vinculadas por acordo de votos e (iii) grupo de pessoas sob controle comum.

Referido artigo reconhece que o controle acionário pode ser exercido tanto de forma direta como indireta e, em ambos os casos, por uma única pessoa ou por um grupo de pessoas.

A caracterização de controle por um grupo de pessoas vinculadas por acordo de voto não requer obrigatoriamente o cumprimento das formalidades previstas no artigo 118 da Lei nº 6.404/76, que trata dos acordos de acionistas. Basta a constatação do ajuste do exercício de votos de forma a garantir a preponderância destes nas deliberações sociais. Sobre o tema e com base no Parecer da CVM/SJU nº 066/85, Alfredo Sérgio Lazzareschi Neto ressalta que:

> O "acordo de votos", referido no *caput* do art. 116, **não significa necessariamente acordo de acionistas celebrado nos termos do art. 118**. Pode, até mesmo, consistir em ajuste informal para o exercício do direito de voto. Assim, para se reconhecer a qualificação de controladores **basta a mera demonstração do exercício do direito de voto de maneira concertada por esses acionistas**, já que para os fins da lei o que interessa é a **situação fática, isto é, a realidade do poder**. *Vide* Parecer CVM/SJU nº 066/85: "Irrelevante é para a caracterização do poder de controle se cada um dos cedentes não detém individualmente o poder. A concentração de vários acionistas possibilitando a preponderância nas deliberações sociais, vinculadas entre si por acordo escrito ou informal, serve à caracterização do poder de controle".[7] (*negritei*)

Com relação ao grupo de pessoas "sob controle comum", José Bulhões Pedreira explica que essa expressão "significa duas sociedades que, embora não tenham necessariamente entre si relações de participação societária,

---

[7] LAZZARESCHI NETO, Alfredo Sérgio. **Lei das sociedades por ações anotada**. 3ª edição. São Paulo: Editora Saraiva, 2010. p. 177.

são controladas - direta ou indiretamente - pelo mesmo acionista controlador ou a mesma sociedade controladora".[8] Como já ressaltado pelo STJ:

> Em tese, é suscetível de configurar a situação de acionista controlador a existência de grupo de pessoas vinculadas sob controle comum, bastando que um ou alguns de seus integrantes detenham a titularidade dos direitos de sócio de tal ordem que garanta ao grupo a supremacia nas deliberações da assembleia geral e o poder de eleger a maioria dos administradores da companhia.[9]

A intenção do artigo 116 consiste em, como já destacou o Colegiado da CVM, "abranger todas as situações fáticas que traduzem um poder de mando de uma pessoa natural ou jurídica sobre a sociedade anônima".[10] Em outros termos, o artigo 116 busca identificar quem de fato e em última instância decide o rumo da sociedade.

(ii) Titularidade de direitos de sócios

Os artigos 116 e 243 fazem referência a "titulares de direitos de sócios". Deve-se destacar que não foi por acaso que esses artigos utilizaram tal expressão ao invés de se reportarem diretamente aos acionistas ou às ações da sociedade.

E não diferente poderia ser. Pois, se a intenção desses artigos é identificar quem de fato exerce o controle, não poderiam eles ignorar o fenômeno de dissociação entre titularidade de direitos de sócios e propriedade de participação acionária, como pode ocorrer, por exemplo, no caso de usu-

---

[8] PEDREIRA, José Luiz Bulhões. Direito dos acionistas. In: LAMY FILHO, Alfredo; PEDREIRA, José Luiz Bulhões (Coord.). **Direito das companhias**. Rio de Janeiro: Editora Forense. 2009. v. 2. p. 1927.

[9] BRASIL. Superior Tribunal de Justiça. Recurso Especial n. 784/RJ, Rel. Min. Barros Monteiro, 20 de novembro de 1989. Disponível em: <http://www.stj.jus.br/SCON/jurisprudencia/toc.jsp?tipo_visualizacao= null&livre=%28%22BARROS+MONTEIRO%22%29.min.&processo=784&b=ACOR&thesaurus=JURIDICO>Acesso em: 31 mai. 2013.

[10] BRASIL. Comissão de Valores Mobiliários. PAS CVM RJ 2005/0098, Rel. Diretor Sergio Weguelin, 18 de dezembro de 2007. Disponível em: <http://www.cvm.gov.br/port/inqueritos/2007/rordinario/inqueritos/ Res_RJ2005-0098.asp>. Acesso em: 31 mai 2013.

fruto (vide Capítulo 2, item 2.2.3.a). Nesse sentido, Fábio Konder Comparato e Calixto Salomão Filho discorrem que:

> A lei fala, sabiamente, em "titular de direitos de sócio" e não apenas em "acionistas" porque, como veremos amiudamente, a natureza jurídica de *coisa* dos valores mobiliários enseja a possibilidade de dissociação entre a titularidade, ou pertinência subjetiva das ações, e a titularidade de direitos destacados dela, como o de voto, segundo ocorre no usufruto ou na alienação fiduciária em garantia. Em tais hipóteses, controlador é quem tem os votos decisivos, não o proprietário das ações.[11]

Em síntese, como já se manifestou o Colegiado da CVM, "acordos e contratos que transfiram o direito de voto também são utilizados na definição de acionista controlador, para fins do art. 116"[12] de forma que o processo de identificação do controlador de uma sociedade não se limita ao status de proprietário de ações.

(iii) Modo permanente

Os artigos 116 e 243 exigem que aquele que é titular de direitos de sócio deve exercê-los de forma permanente para que possa ser considerado efetivamente o controlador da sociedade. Ou seja, deve exercer tais direitos de forma estável e não em caráter eventual. De acordo com o Colegiado da CVM:

> Outro ponto importante desse primeiro requisito é a necessidade de permanência do poder. Em razão dele, **vencer uma eleição ou preponderar em uma decisão não é suficiente**. É necessário que esse acionista possa, juridicamente, **fazer prevalecer sua vontade sempre que desejar** (excluídas, por óbvio, as votações especiais entre acionistas sem direito a voto ou de determinada classe ou espécie, ou mesmo a votação em conjunto de ações ordinárias

---

[11] COMPARATO, Fábio Konder. SALOMÃO FILHO, Calixto. **O Poder de controle na sociedade anônima**. 4ª edição. Rio de Janeiro: Editora Forense, 2005. p. 85.
[12] BRASIL. Comissão de Valores Mobiliários. Proc. RJ 2005/4069, Reg. n. 4788/2005, loc. cit.

e preferenciais, quando o estatuto estabelecer matérias específicas). Por esse motivo, em uma companhia com ampla dispersão ou que tenha um acionista, titular de mais de 50% das ações, que seja omisso nas votações e orientações da companhia, eventual acionista que consiga preponderar sempre, não está sujeito aos deveres e responsabilidades do acionista controlador, uma vez que pondera por questões fáticas das assembleias não preenchendo o requisito da alínea 'a' do art. 116, embora preencha o da alínea 'b'.[13] (negritei)

Isso, contudo, não significa que o requisito de permanência esteja atrelado a lapso temporal. Como Fábio Konder Comparato e Calixto Salomão Filho bem advertem:

> Mas preponderância permanente nas deliberações sociais não significa, estritamente falando, situação majoritária prolongada no tempo. **Pode alguém adquirir o controle de uma companhia para mantê-lo por curto período, apenas**. Durante este, há controle, desde que a preponderância nas deliberações sociais dependa unicamente da vontade do titular de direitos de sócios e não de acontecimentos fortuitos.[14] (negritei)

Assim, o titular de direitos de sócio que os exerce de forma estável pode, ainda que por um curto período, ser considerado o controlador da sociedade.

(iv) Maioria dos votos nas deliberações de assembleias gerais, com a eleição da maioria dos administradores.

Os artigos 116 e 243 exigem que aquele que é titular de direitos de sócios e os exerce de forma permanente deve tanto obter (i) a maioria dos votos nas deliberações de assembleias gerais como (ii) eleger a maioria dos administradores para que possa ser considerado o controlador da sociedade. São requisitos cumulativos porque, como explicam José Luiz Bulhões Pedreira

---

[13] Brasil. Comissão de Valores Mobiliários. Proc. RJ 2005/2009, Reg. n. 4788/2005, Loc. Cit.
[14] COMPARATO; SALOMÃO FILHO, op. cit. p. 86.

e Alfredo Lamy Filho, "o poder de controle se exerce na Assembléia Geral e sobre os órgãos de administração".[15]

É importante notar que, ainda que uma pessoa possa adotar a maioria das deliberações sociais, isso não necessariamente implica que tal pessoa também possa eleger a maioria dos administradores da sociedade. O contrário também é válido. Pode haver, por exemplo, disposições específicas estatutárias e/ou de acordo de acionistas ou mesmo votações em separado de classes distintas (vide Capítulo 2) que permitam a acionistas minoritários eleger a maioria dos administradores mesmo que não consigam fazer prevalecer seus interesses na maioria das demais decisões sociais.

(v) Uso efetivo do poder para dirigir as atividades sociais e orientar o funcionamento dos órgãos da companhia

Por fim, deve aquele que se reveste das características discutidas nos itens (i) a (iv) anteriores fazer uso efetivo do seu poder para dirigir as atividades sociais e orientar o funcionamento dos órgãos da companhia para ser caracterizado como controlador de uma sociedade.

Como bem ressalta Pontes de Miranda, "O fato de ter a sociedade o número de ações que basta para as maiorias qualificadas *permite* o contrôle. Mas daí não se tira que aquela necessàriamente controla a outra, ou as outras sociedades. Não se há de confundir o contrôle efetivo a possibilidade de contrôle".[16]

Conforme visto anteriormente, o direito societário busca identificar quem de fato exerce o controle e não quem teria a possibilidade de exercê-lo. Para o direito societário, "É característica do acionista controlador o real exercício de poder de mando na empresa".[17] Ou seja, "a efe-

---

[15] PEDREIRA, José Luiz Bulhões. LAMY FILHO, Alfredo. Estrutura da companhia. In: LAMY FILHO, Alfredo; PEDREIRA, José Luiz Bulhões (Coord.). **Direito das companhias**. Rio de Janeiro: Editora Forense. v. 1. p. 817.

[16] MIRANDA, Pontes de. **Tratado de direito privado:** Parte especial. 3ª edição. Rio de Janeiro: Editor Borsoi, 1972. v. 51, p. 195.

[17] BRASIL. Tribunal Regional Federal. Apelação Cível n. 96.01.52123-2/DF, Rel. Glaucio Maciel Gonçalves, 1ª Região. 15 de setembro de 2005. Disponível em: <http://jurisprudencia.trf1.jus.br/busca/>. Acesso em: 31 mai. 2013.

tiva direção das atividades sociais e a orientação do funcionamento dos órgãos da companhia".[18]

Vale observar, contudo, que muito embora a definição de sociedade controladora do artigo 243 esteja ligada ao conceito de acionista controlador constante do artigo 116, referida definição não inclui o requisito do uso efetivo do poder. Entende-se que tal requisito seja intrínseco à própria natureza da sociedade controladora que, como adverte a Exposição de Motivos da Lei nº 6.404/76, "se presume nas relações intrasocietárias", sendo desnecessário prevê-lo expressamente. Alfredo Lamy Filho comenta que:

> A razão do art. 116 é que ele se reporta a pessoas físicas, que, muita vez, por ausência, ignorância, omissão, ou herança, não sabem ou não podem exercer controle. Para essas pessoas, seria injurídico atribuir-lhes responsabilidades de controlador que *de fato* não eram. Já as pessoas jurídicas controladoras - como sociedades comerciais que são - **têm o poder e o dever estatutário de exercer seu objeto, são, pois, necessariamente controladoras**, e, como tal, respondem se detém a maioria. Não precisava e não devia a lei, incluí-las na definição para as pessoas físicas (art. 116, b) - 'usa efetivamente o poder para dirigir as atividades sociais e orientar os órgãos da companhia' porque têm o dever, como sociedade mercantil, de realizar seu objeto estatutário e administrar seu patrimônio.[19]

Não obstante, o requisito do uso efetivo do poder não pode ser exigido nem aplicado em qualquer sociedade de forma indiscriminada. A título ilustrativo, dois exemplos podem ser citados: (i) sociedade cujo controle é majoritário e (ii) caracterização de controle para fins de oferta pública, conforme comentados abaixo.

Primeiro Exemplo. Suponha-se uma sociedade por ações fechada com apenas dois acionistas, cada qual detendo 75% e 25% do seu capital total e votante. Na ausência de outros elementos (como, por exemplo, um acordo de acionistas que exigisse o consentimento unânime para aprovação da maioria das decisões sociais), tratar-se-ia de um caso de controle majori-

---

[18] BRASIL. Comissão de Valores Mobiliários. Proc. RJ 2001/7547, Reg. n. 3412/2001, Rel. Diretor Wladimir Castelo Branco Castro, 25 de junho de 2002. Disponível em: <http://www.cvm.gov.br/port/descol/ resp.asp?File=2002-029D16072002.htm>. Acesso em 31 mai. 2013.
[19] LAMY FILHO, Alfredo. **Temas de S/A**. Rio de Janeiro: Editora Renovar, 2007, p. 332.

tário, em que a maioria das decisões somente poderia ser adotada com o consentimento do acionista majoritário (vide Capítulo 2). Em tais circunstâncias, a exigência do "uso efetivo do poder" seria descabida. Na explicação de Fabio Konder Comparato e Salomão Calixto Filho:

> A exigência do uso efetivo do poder "para dirigir as atividades sociais e orientar o funcionamento dos órgãos da companhia" somente se compreende, como elemento integrante da definição do controlador, em se tratando de controle minoritário. Neste, com efeito, o titular de direitos de sócio que lhe assegurariam a preponderância nas deliberações sociais, em razão da dispersão acionária, pode manter-se ausente das assembleias gerais, perdendo com isto, de fato, o comando da empresa. **Já no controle de tipo majoritário, porém o desuso ou mau uso do poder não é elemento definidor do *status*, pois ainda que o controlador afete desinteressar-se dos negócios sociais, não pode arredar o fato de que o poder de comando se exerce em seu nome, ou por delegação sua, o que a tanto equivale.**[20] (*negritei*)

Segundo exemplo. O requisito do "uso efetivo do poder" também não é considerado para a definição de controle quando se está diante da hipótese do artigo 254-A da Lei nº 6.404/76, que trata da obrigatoriedade de oferta pública no caso de alienação de controle de sociedade por ações aberta. Conforme antecipado, entende-se que a definição de acionista controlador do artigo 116 não pode ser aplicada integralmente ao artigo 254-A por visar escopo distinto, sendo que o requisito do "uso efetivo do poder" poderia desvirtuar o alcance deste último artigo. O Colegiado da CVM explica que:

> Se o alienante é titular de mais da metade das ações com direito a voto da companhia aberta, mas não exerce seu direito de voto, ele não é considerado, para fins do art. 116, como acionista controlador. Nada obstante, caso ele aliene essas ações e o terceiro adquirente tenha interesse em exercer o controle da companhia, esse adquirente estará apto a exercê-lo e deveria estar disposto a pagar o mesmo

---

[20] COMPARATO; SALOMÃO FILHO, op. cit. p. 87.

prêmio de controle que pagaria a um acionista controlador propriamente dito, dado que o bloco de ações de um (acionista controlador) e de outro (acionistas com ações suficientes para ser considerado acionista controlador, mas que não exerce o controle) concederá ao adquirente os mesmos direitos. O fato de o alienante não ser considerado acionista controlador, para fins do art. 116, 'b', justificaria a não realização da oferta pública nesse caso? Creio que não. Por todos esses argumentos, parece-me correto não exigir o preenchimento do requisito previsto no art. 116, 'b' (exercício do poder), para que se exija a realização da oferta pública.[21]

Diante do acima exposto, verifica-se que o controle acionário pertence ao titular de direitos de acionistas que, direta ou indiretamente, tenha o poder de dirigir as atividades sociais e orientar o funcionamento dos órgãos da sociedade, em regra, de forma permanente e efetiva.

Do mesmo modo que o acionista controlador é capaz de determinar o rumo da sociedade, não se pode descartar o fato de que outro acionista seja capaz de influenciar a determinação desse rumo. Neste caso, a relação desse acionista com a sociedade não seria de controle, mas de coligação.

A Lei nº 6.404/76 define "sociedades coligadas" no parágrafo 2º, do artigo 243, como "as sociedades nas quais a investidora tenha influência significativa", havendo influência significativa, nos termos do parágrafo 4º, do artigo 243, "quando a investidora detém ou exerce o poder de participar nas decisões das políticas financeira ou operacional da investida, sem controlá-la". Aqui, tanto o uso efetivo como a possibilidade de uso caracterizam a influência significativa. Alfredo Sérgio Lazzareschi Neto comenta que:

> A influência significativa exclui a existência de controle: em havendo controle, não há falar em influência significativa. A lei emprega a expressão "detém ou exerce". Com isso, a primeira questão que se põe é se a lei exige que a investidora exerça efetivamente a sua influência sobre a investida, ou se basta que detenha a mera possibilidade de exercê-la. Parece não haver dúvida de que é suficiente a existência de mera possibilidade do exercício da influência

---

[21] BRASIL. Comissão de Valores Mobiliários. Proc. RJ 2005/4069, Reg. n. 4788/2005, loc. cit.

significativa, porque a lei emprega os verbos "detém ou exerce"; de modo que, se a investidora não exerce, mas apenas detém a possibilidade de exercício, configurada está a hipótese legal. O que interessa para a lei é a *possibilidade* de participar das *decisões* da política financeira ou operacional da investida, parecendo que o legislador quis ser o mais abrangente possível. Assim, por exemplo, se a investidora detém participação societária capaz de eleger um membro do conselho de administração da investida, há influência significativa, porquanto a investidora tem a possibilidade de participar (via conselheiro) das decisões da política financeira ou operacional da coligada, prevaleça ou não o voto do conselheiro eleito pela investidora. O poder de veto (sem controle) no tocante a certas matérias também caracteriza a influência significativa.[22]

Até 2009, entendia-se que a participação em 10% ou mais no capital da sociedade já estabeleceria uma relação de coligação. Entretanto, com a Lei nº 11.941/09 que alterou o artigo 243 da Lei nº 6.404/76, passou-se a presumir, nos termos do parágrafo 5º do referido artigo, que há "influência significativa quando a investidora for titular de 20% (vinte por cento) ou mais do capital votante da investida, sem controlá-la".

Ressalta-se que o parâmetro mínimo de 20% do capital votante acima transcrito é uma presunção e que, portanto, não exclui a possibilidade de acionistas com porcentagens inferiores deterem ou exercerem influência significativa sobre a sociedade, conforme as particularidades do caso em concreto.

1.3.2 Controle societário e influência significativa segundo o Código Civil

O conceito de controle societário é extraído do artigo 1.098 do Código Civil, o qual define sociedade controlada nos seguintes termos:

Art. 1.098. É controlada:
I – a sociedade de cujo capital outra sociedade possua a maioria dos votos nas deliberações dos quotistas ou da assembléia geral e o poder de eleger a maioria dos administradores;

---

[22] LAZZARESCHI NETO, op. cit. p. 595.

II – a sociedade cujo controle, referido no inciso antecedente, esteja em poder de outra, mediante ações ou quotas possuídas por sociedades ou sociedades por esta já controladas.

Como se pode notar, os elementos para a configuração de controle societário previstos no Código Civil guardam muita semelhança com aqueles da Lei nº 6.404/76. Ambos diplomas legais reconhecem que o controle sobre sociedades pode ser exercido de forma direta ou indireta e que o controlador, para ser caracterizado como tal, deve preponderar nas decisões sociais e eleger a maioria dos administradores.

Diferentemente da Lei nº 6.404/76, o Código Civil não exige expressamente o uso efetivo do poder de controle nas atividades sociais e na orientação do funcionamento da administração.

Assim como a Lei nº 6.404/76 antes de ser alterada pela Lei nº 11.941/09 (conforme acima comentado), o artigo 1.099 do Código Civil também considera que a participação mínima de 10% de um sócio no capital social de uma sociedade, sem controlá-la, estabelece uma relação de coligação.

Muito embora o Código Civil não faça referência expressa à influência significativa como a Lei nº 6.404/76, pode-se afirmar que entenda que a participação mínima de 10% no capital social concede ao sócio a capacidade de exercê-la sobre a sociedade.

Modesto Carvalhosa estabelece um paralelo entre a relação de poder, concentração vertical e subordinação e outro paralelo entre a relação de coligação, concentração horizontal e coordenação no âmbito do Código Civil, a saber:

> No bojo do fenômeno concentracionista empresarial, o Código Civil de 2002 reconhece a existência de relações horizontais entre sociedades coligadas e *verticais*, entre controladora e controladas, implicitamente reconhecendo que no sistema vertical o controle geralmente ocorre por meio de holding, como se vê do inciso II do art. 1.098. A *holding*, assim, controla as sociedades operacionais. O regime vertical implica a existência de uma sociedade controladora, e de uma ou mais controladas. Há uma relação de *subordinação* externa, no caso, quanto à política e à escolha da administração da sociedade controlada. Já na concentração horizontal não há predomínio de uma sobre a outra. Aqui ocorre o fenômeno de *coligada*

investidora e *coligada investida*. Estabelece-se, assim, um regime de coordenação entre as sociedades coligadas e de comando entre a controladora e as controladas.[23]

Importa ressaltar que os paralelos acima traçados são valiosos também para os fins da Lei nº 6.404/76.

1.4 A ausência de definição de controle e influência relevante na legislação concorrencial

Antes da entrada em vigor da Lei nº 12.529/11 em 29 de maio de 2012, a prevenção às infrações contra a ordem econômica era regulada pela Lei nº 8.884/94.

A Lei nº 8.884/94 continha um conceito muito amplo de ato de concentração e gerava frequentemente dúvidas sobre a obrigatoriedade de submeter certas operações à aprovação do CADE. Logo nos primeiros anos de vigência da lei, Waldirio Bulgarelli fez pertinentes comentários sobre a relevância e as dificuldades desse conceito no Sistema Brasileiro de Defesa da Concorrência, *in verbis*:

> tem importância inegável a descrição do fenômeno concentracionista, como se apresenta na vida econômica, necessária para que se compreendam, em toda a sua extensão, as formas, o significado e os efeitos decorrentes. Tanto mais que, além de servir de norte ao jurista, em meio às suas variegadas e cambiantes formas, permite ao menos um esboço de classificação, senão ela própria - que aproveitará sua caracterização jurídica e sobretudo a posição exata da fusão no quadro de concentração, tanto pelo aspecto econômico como jurídico. (...) As dificuldades evidentemente são inúmeras: a. além da variação quase indescritível das formas como se apresenta, na prática, também a apontada falta de normas legislativas a respeito, permanecendo ainda hoje, a maior parte dos países com uma legislação fragmentária; b. a ausência de decisões jurisprudenciais conseqüentes ou não; c. a falta de dados concretos até mesmo sobre

---

[23] CARVALHOSA, Modesto. **Comentários ao Código Civil:** Parte Especial – Do direito de empresa. São Paulo: Editora Saraiva, 2003. v. 13. p. 422.

as práticas adotadas, dado senão o segredo, ao menos a discrição que envolve, quase sempre, tais coligações, consequente também da necessidade de fugir, em muitos casos, à pressão fiscal ou de se subtrair aos problemas da licitude - gerando um verdadeiro divórcio entre a realidade econômica e a forma jurídica empregada -, constituem outras tantas dificuldades que se apresentam ao estudioso.[24]

O artigo 54 da Lei nº 8.884/94 determinava que qualquer ato que pudesse limitar ou prejudicar a livre concorrência, ou resultar na dominação de mercados relevantes de bens ou serviços, deveria ser submetido ao CADE se verificados os requisitos de faturamento e participação no mercado relevante vigentes à época.

Sem prejuízo da generalidade da disposição acima, havia a presunção de que os atos expressamente indicados no parágrafo 3º, desse mesmo artigo 54, estariam obrigatoriamente sujeitos ao CADE, a saber: operações de fusão ou incorporação de sociedades, constituição de sociedades para exercer o controle sobre outras sociedades ou qualquer forma de agrupamento societário.

Embora a intenção do parágrafo 3º acima fosse arrolar, de forma exemplificativa, as operações que, por sua própria natureza, seriam potencialmente preocupantes sob o ponto de vista concorrencial, o rol adotado não foi em seu todo apropriado. E, para fins desta monografia, a inclusão de "constituição de sociedades para exercer o controle sobre outras" nesse rol merece observação especial.

O controle sobre sociedades pode ser exercido de diversas formas, sendo a constituição de sociedades para tal finalidade apenas uma delas. O parágrafo 3º reproduziu redação equivocada da legislação europeia em vigor quando da elaboração da Lei nº 8.884/94 e falhou ao prevalecer uma forma (a constituição de sociedades) ao invés da essência da preocupação concorrencial: o controle sobre sociedades. Neste sentido, José Júlio Borges da Fonseca destaca que tal redação: "Deixou o intérprete faminto de dados. A essa altura das considerações, pode-se dizer que o legislador italiano seguiu o exemplo europeu e o brasileiro se espelhou naquele com ampu-

---

[24] BULGARELLI, Waldirio. **Concentração de Empresas e Direito Antitruste**. 3ª edição. São Paulo: Editora Atlas S.A., 1997. p. 51 - 52.

tações injustificáveis."²⁵ E, em seguida, aprofunda o tema citando alguns exemplos da limitação envolvida:

> O exame da experiência européia revela que não importa o mecanismo jurídico adotado. A empresa comum pode ser criada pelas empresas fundadoras, que é a forma mais simples. A participação no capital de empresas já existentes constitui outra modalidade. Essa participação pode ser por uma empresa ou por várias empresas. Pode ocorrer que a empresa seja controlada por *holding* comum que, não sendo autônoma, assume o papel de intermediária.²⁶

Por certo, teria o parágrafo 3º logrado mais êxito se simplesmente tivesse incluído em seu rol a aquisição, por qualquer meio, do controle de sociedades.

Não obstante, verificados os requisitos de faturamento e participação no mercado relevante, geralmente não havia hesitação quanto à obrigatoriedade de notificação ao CADE de uma operação que consistisse na transferência de controle acionário/societário de uma sociedade a um terceiro, pertencente a um grupo econômico distinto. Frisa-se, controle acionário/societário, nos termos discutidos no item 1.3 acima. Por exemplo, na ausência de outros fatores: (i) a transferência de mais de 25% das ações com direito a voto da sociedade por ações X, de titularidade do acionista Y (pertencente ao grupo Z), ao acionista W (pertencente ao grupo V); e (ii) a transferência de 75% das quotas da sociedade limitada M, de titularidade do sócio A (pertencente ao grupo B), à sociedade C (pertencente ao grupo D).

Já com relação a operações que não se enquadrassem completamente nos moldes acima, o mesmo não se pode afirmar. Da análise de uma série de julgados do CADE sob a vigência da Lei nº 8.884/94²⁷, verifica-se que não havia um entendimento pacífico sobre as operações ditas "não clássicas". A título meramente ilustrativo, citam-se os seguintes casos:

---

[25] FONSECA, José Júlio Borges da. **Direito Antitruste e Regime das Concentrações Empresariais**. São Paulo: Editora Atlas S.A., 1997. p. 91 – 92.
[26] Ibid.
[27] A relação completa dos atos de concentração julgados sob a vigência da Lei nº 8.884/94 analisada para fins desta pesquisa está indicada na referência bibliográfica.

a) operações que consistissem na transferência de participação acionária/societária a um terceiro sem lhe conferir o controle acionário/societário. Por exemplo, a transferência de 15% das ações emitidas pela sociedade por ações X, de propriedade do acionista A (pertencente ao grupo B), à sociedade C (pertencente ao grupo D), que ingressa como nova acionista na sociedade.
b) operações que consistissem na entrada de novos acionistas/sócios no bloco de controle de uma sociedade. Por exemplo, o bloco de controle da sociedade por ações X é formado pelos acionistas A (pertencente ao grupo A) e B (pertencente ao grupo B) por meio de um acordo de acionistas. Em virtude de uma operação, C (pertencente ao grupo C) passa a ser acionista da sociedade e a integrar o bloco de controle, o qual passa a ser compartilhado entre A, B e C.
c) operações que consistissem na saída de um dos acionistas/sócios do bloco de controle de uma sociedade. Por exemplo, o bloco de controle da sociedade por ações X é formado pelos acionistas A, B e C (cada qual pertencente a um grupo distinto) por meio de um acordo de acionistas. Em virtude de uma operação, C deixar de ser acionista da sociedade e de integrar o bloco de controle, o qual passa a ser exercido somente por A e B.
d) transferências de participações societárias/acionárias dentro de um mesmo grupo. Por exemplo, a transferência de 60% das quotas emitidas pela sociedade limitada X, de propriedade do sócio A (pertencente ao grupo C), à sociedade B (também pertencente ao grupo C).
e) operações em que o acionista/sócio majoritário aumenta sua participação na sociedade ao adquirir participação minoritária. Por exemplo, o sócio majoritário da sociedade por ações X, detentor de 25% das ações com direito a voto, adquire mais 15% das ações com direito a voto, passando a deter 40% do capital social votante da sociedade X.

Referidos julgados do CADE manifestavam-se ora pelo conhecimento ora pelo não conhecimento de operações com características similares, bem como por qualificar essas operações como alteração ou inalteração de controle, influência dominante ou influência relevante, utilizando tais terminologias de forma indistinta com certa frequência.

Na União Europeia, a noção de controle é fundamental para determinar se um ato de concentração deve ou não ser notificado.[28] Os artigos 3.2 e 3.3 do Regulamento CE nº 139/2004 definem controle nos termos a seguir:

> 3.2. Control shall be constituted by rights, contracts or any other means which, either separately or in combination and having regard to the considerations of fact or law involved, confer the possibility of exercising decisive influence on an undertaking, in particular by: (a) ownership or the right to use all or part of the assets of an undertaking; (b) rights or contracts which confer decisive influence on the composition, voting or decisions of the organs of an undertaking.

> 3.3. Control is acquired by persons or undertakings which: (a) are holders of the rights or entitled to rights under the contracts concerned; or (b) while not being holders of such rights or entitled to rights under such contracts, have the power to exercise the rights deriving therefrom.

Sem entrar no mérito da definição acima, vale destacar a importância que lhe é atribuída pela Comissão Europeia. Referida definição consta de um regulamento, que é o instrumento legal com maior força dentro da hierarquia normativa da União Europeia. Tanto assim o é que as matérias tratadas em regulamentos são imediata e integralmente aplicáveis e vinculantes a todos os Estados membros, independentemente de incorporação na legislação doméstica.[29]

---

[28] LEVY, Nicholas. **European Merger Control Law**: A Guide to the Merger Regulation. Reino Unido: LexisNexis, 2010. p. 5-2.

[29] BORCHARDT, Klaus-Dieter. **The ABC of European Union Law**. Alemanha: Publications Office of the European Union, 2010. p. 88-89. Na explicação do autor: "The legal acts that enable the Union institutions to impinge furthest on domestic legal systems are the regulations. Two features highly unusual in international law mark them out. The first is their Community nature, which means that they lay down the same law throughout the Union, regardless of international borders, and apply in full in all Member States. A Member State has no power to apply a regulation incompletely or to select only those provisions of which it approves as a means of ensuring that an instrument which it opposed at the time of its adoption or which runs counter to its perceived national interest is not given effect. The second is direct applicability, which means that the legal acts do not have to be transposed into national law but confer rights or impose obligations on the Union citizen in the same way as national law. The Member States and their governing institutions and courts are bound directly by Union law and have to comply with it in the same way as national law.".

No Brasil, contudo, parece que a mesma importância não foi dada ao conceito de controle. Este não constava da Lei nº 8.884/94 e somente em 1998, em um anexo (o Anexo V) da Resolução CADE nº 15/98, controle foi definido como sendo: "o poder de dirigir, de forma direta, interna ou externa, de fato ou de direito, individualmente ou por acordo, as atividades sociais e/ou o funcionamento da empresa".

No entanto, em virtude da amplitude e precariedade da definição de controle sob a égide da Lei nº 8.884/94, sua aplicação na prática (em particular, com relação às operações acima mencionadas) carece de delineamentos mais concretos.

Em um cenário de intensas discussões para o aperfeiçoamento do Sistema Brasileiro da Defesa da Concorrência como um todo, tanto na modalidade preventiva (na qual se incluem as críticas acima) como na repressiva, foi aprovada a Lei nº 12.529/11.

Inspirada em práticas internacionais, a Lei nº 12.529/11 reestruturou o Sistema Brasileiro de Defesa da Concorrência e introduziu alterações significativas na prevenção e repressão às infrações contra a ordem econômica. Foi considerada um avanço e resultado, ou até mesmo futuro coadjuvante, do amadurecimento econômico e da expansão do país. De acordo com Fernando Furlan, presidente do CADE à época da promulgação da referida lei:

> Com a nova legislação, seremos mais eficazes na defesa de mercados eficientes e dos consumidores brasileiros, garantindo produtos e serviços de qualidade, incentivo à inovação tecnológica e coibindo os preços excessivos que são reflexos conhecidos da dominação de mercado.[30]

Dentre as principais mudanças trazidas pela Lei nº 12.529/11, destacou-se o novo conceito legal de ato de concentração. A Lei nº 12.529/11 revogou o artigo 54 da Lei nº 8.884/94 e passou a determinar de forma específica, em seu artigo 90, que há um ato de concentração quando, *in verbis*:

---

[30] BRASIL. Conselho Administrativo de Defesa Econômica. Assessoria de comunicação do CADE. **Presidenta sanciona lei que cria Novo Cade**. Brasília, 2011: Sala de Notícias. Disponível em: <http://www.cade.gov.br/Default.aspx?79cc5dac44d92ef5004de7471b>. Acesso em: 5 jun. 2012.

I – 2 (duas) ou mais empresas anteriormente independentes se fundem;
II – 1 (uma) ou mais empresas adquirem, direta ou indiretamente, por compra ou permuta de ações, quotas, títulos ou valores mobiliários conversíveis em ações, ou ativos, tangíveis ou intangíveis, por via contratual ou por qualquer outro meio ou forma, o controle ou partes de uma ou outras empresas;
III – 1 (uma) ou mais empresas incorporam outra ou outras empresas; ou
IV – 2 (duas) ou mais empresas celebram contrato associativo, consórcio ou joint venture.

Sem dúvida, o novo conceito de ato de concentração constante do artigo 90 ilustra mais um progresso da Lei nº 12.529/11 se comparado com o revogado artigo 54 da Lei nº 8.884/94. Por outro lado, também não está totalmente isento de críticas. De acordo com Eduardo Caminati Anders:

(...) ao prever as hipóteses de negócios jurídicos que devem ser submetidos ao Cade, a Lei 12.529/11 reduz a margem de interpretação do Cade sobre a desnecessidade de submissão de determinados atos que, apesar de, em tese, se enquadrarem nas definições do art. 90, são insignificantes sob o ponto de vista concorrencial. Como exemplos, podem ser citadas as aquisições a título exclusivo de investimento financeiro. Apesar das definições mais objetivas das hipóteses de configuração de atos de concentração contidas no art. 90, a experiência mostra que o Cade tende, ao longo da aplicação da Lei 12.529/11, a adotar entendimentos diversos sobre a caracterização de um ato de concentração, podendo tais entendimentos resultar em súmulas.[31]

Fato é que, como a entrada em vigor da Lei nº 12.529/11 é extremamente recente (29 de maio de 2012), os próximos anos serão determinantes para consolidar a interpretação do CADE sobre a aplicação e a extensão do artigo 90 e, em particular, de seu inciso II.

---

[31] ANDERS, Eduardo Caminati. Do controle de concentrações. In: CORDOVIL, Leonor A.G. et al. **Nova Lei de Defesa da Concorrência Comentada**. São Paulo: Editora Revista dos Tribunais, 2012. p. 203.

Dito inciso foi inspirado, em grande parte, no artigo 3.1(b) do Regulamento CE nº 139/2004, *in verbis*:

> acquisition, by one or more persons already controlling at least one undertaking, or by one or more undertakings, whether by purchase of securities or assets, by contract or by any other means, of direct or indirect control of the whole or parts of one or more other undertakings.

Logo após a promulgação da Lei nº 12.529/11, o inciso II, do artigo 90, despertou diversos questionamentos. Como se pode constatar, a sua redação é muito semelhante a do artigo 3.1(b) do Regulamento CE nº 139/2004. No entanto, há uma pequena diferença textual que, na prática, revelou-se extremamente relevante para determinar se uma operação deveria ou não ser submetida à aprovação do CADE.

Enquanto o artigo 3.1(b) do Regulamento CE nº 139/2004 considera ato de concentração a **aquisição de controle direto ou indireto** da totalidade ou de partes de uma ou mais empresas (i.e., "acquisition ... of direct or indirect control of the whole or parts of one or more other undertakings"), o inciso II, do artigo 90, da Lei nº 12.529/11 entende como ato de concentração a aquisição do "**controle ou partes** de uma ou outras empresas".

Indagou-se, na época, se a Lei nº 12.529/11 teria intencionalmente feito uma distinção entre aquisição de controle e aquisição de partes de empresas. De forma mais precisa, se a aquisição de partes de empresas que não estivesse dentro do conceito de controle estaria sujeita à aprovação do CADE e, em caso positivo, o que seria considerado "controle" e "partes" para o CADE.

Por certo tempo, manteve-se essa dúvida até que o Plenário do CADE aprovou a Resolução CADE nº 02/2012, que estabeleceu, em seus artigos 10 e 11, os parâmetros que caracterizariam a aquisição de "partes" de sociedades sujeitas à aprovação do CADE. Desde então, foi possível afirmar que a Lei nº 12.529/11 intencionalmente fez uma distinção entre aquisição de controle e aquisição de partes de sociedades.

Com razão, não se pode descartar o fato de que outras estruturas societárias além do controle (seja este considerado em sentido societário ou concorrencial) podem ter relevância sobre a conduta comercial de sociedades e, até certa medida, causar impacto no mercado. Para essas situações, a doutrina costuma adotar a terminologia de "influência relevante do ponto de vista concorrencial" para não deixar descoberta nenhuma hipótese que possa prejudicar os bens tutelados pelo direito da concorrência.[32]

Respondido o que se deveria considerar como aquisição de partes de empresas para fins concorrenciais, permaneceu a pergunta: "e o que é controle para o CADE?".

Tal como a Lei nº 8.884/94, a Lei nº 12.529/11 também não definiu controle. Parece que o legislador brasileiro optou, ao contrário do legislador europeu, por não atribuir uma definição de controle com força de lei a efeitos concorrenciais.

Com o advento da Lei nº 12.529/11, controle concorrencial não ganhou definição nem em caráter regulamentar. A Resolução CADE nº 02/2012 revogou tacitamente a Resolução CADE nº 15/98 e não introduziu uma nova definição para controle.

Não obstante o anterior, a doutrina e a jurisprudência do CADE são, tanto sob a égide da Lei nº 8.884/94 como da Lei nº 12.529/11, pacíficas sobre o fato de que a mera possibilidade de controle ou influência relevante é tão importante quanto o efetivo exercício dos mesmos. E, portanto, controle e influência relevante a efeitos concorrenciais estariam configurados mediante a constatação da possibilidade de serem exercidos, independente de serem efetivamente exercidos.

1.5 Grupo para o direito societário e para o direito concorrencial

Conforme discutido nos itens anteriores, o direito societário e o direito concorrencial reconhecem que o controle sobre sociedades pode ser exercido tanto de forma direta como indireta.

Sob uma perspectiva simplista, porém ilustrativa, o controle exercido de forma direta verifica-se, estruturalmente, em uma relação de hierarquia vertical dualista, estando o controlador em instância imediatamente superior e, a sociedade controlada, em instância imediatamente inferior.

Contudo, no atual contexto de globalização, as sociedades que representam maior envergadura econômica não podem ser consideradas, como

---

[32] SALOMÃO FILHO, Calixto. **Direito concorrencial**: As estruturas. 3ª edição. São Paulo: Malheiros Editores, 2007. p. 287.

de fato não estão assim estruturadas, unicamente em uma relação de hierarquia vertical dualista.

Referidas sociedades geralmente estão inseridas dentro de uma complexa estrutura envolvendo um conjunto de sociedades em diferentes instâncias superiores, inferiores e paralelas, em que o controle sobre cada sociedade pode ser exercido de forma direta (se verificada exclusivamente a relação de hierarquia vertical dualista) e indireta (se verificado quem de fato é o controlador na última instância vertical superior). À essa complexa estrutura de sociedades atribui-se o nome de grupo e é dentro do grupo que se verifica o controle indireto.

Sobre o crescente número e relevância dos grupos de sociedades em âmbito internacional, José Engrácia Antunes discorre que:

> Não podem existir dúvidas sobre a primazia actual da empresa de grupo ou empresa plurissocietária. **Os cadastros estatístico-societários disponíveis nos três maiores mercados mundiais (a famosa "Global Triad": Estados Unidos da América, União Europeia, Japão) indicam uma inequívoca tendência das sociedades para perderem o seu originário estatuto de independência, recorrendo crescentemente à técnica do grupo societário:** assim acontece com cerca de 70% das sociedades comerciais na Alemanha, 50% na Suiça, 60% na França, 55% na Inglaterra, 65% nos Estados Unidos, e 88% no Japão. Ao nível internacional, o cenário é porventura ainda mais impressionante. Entre as 100 entidades económicas mais poderosas do globo, contam-se cinquenta Estados-nação e cinquenta empresas multinacionais: o volume de negócios das oito maiores empresas multionacionais (Exxon, GM, Ford, General Eletric, IBM, Microsoft, Texaco, Shell) é superior à soma do volume orçamental bruto de seis dos maiores Estados-membros da União Europeia (Alemanha, França, Itália, Bélgica, Holanda, Luxemburgo); e o volume de negócios de muitas dessas empresas chega mesmo, por si só, a ser superior ao produto nacional bruto de mais de 130 nações, entre as quais Portugal (é o caso do grupo "General Motors"). Ora, personagens centrais do imaginário económico-político contemporâneo, talvez não se tenha atentado suficientemente sobre a circunstância de a **estrutura organizativa destas empresas se reconduzir basicamente, afinal, às técnicas de coligação inter-**

societária, não constituindo estas, de um ponto de vista organizacional, senão puros grupos societários, aqui apenas acrescidos da transnacionalidade dos elementos componentes. A frieza dos números não deixa senão espaço para uma conclusão: o átomo cedeu progressivamente o seu ligar à molécula, tendo a fisionomia da **prática empresarial contemporânea deixado de ser fielmente retratada pela sociedade individual e isolada (empresa unissocietária) para passar a vir reflectida essencialmente na emergência de grupos societários (empresa de grupo ou empresa plurissocietária), que assim se tornou verdadeiramente no "actor central do nosso sistema económico"** (BAUER/COHEN).[33] (*negritei*)

A doutrina costuma considerar dois elementos para a definição de grupo: (i) direção econômica unitária e (ii) autonomia jurídica. De acordo com José Engrácia Antunes:

> Técnica revolucionária de organização jurídica da empresa moderna, o grupo pode ser definido, a benefício de ulterior explicitação, como um conjunto mais ou menos vasto de sociedades comerciais que, conservando embora formalmente a sua própria autonomia jurídica (sociedades-filhas, "subsidiaries", "Tochtergesellschaften", "filiales", "filiali"), se encontram subordinadas a uma direcção económica unitária exercida por uma outra sociedade (sociedade-mãe, "group headquarters", "Muttergesellschaft", "cappo-gruppo", "société-mère").[34]

A direção econômica unitária é assim entendida quando, a despeito do número de sociedades envolvidas e de suas respectivas autonomias jurídicas, tais sociedades são tidas como um só ente em virtude do processo de previsão, planejamento, implementação e coordenação de atividades e políticas ao qual estão submetidas pelo controlador na última instância vertical superior.

---

[33] ANTUNES, José Engrácia. Estrutura e responsabilidade da empresa: O moderno paradoxo regulatório. **Revista Direito GV**, v.1, n. 2, p. 35-36, 2005.
[34] Ibid.

Jorge Lobo explica, valendo-se também dos ensinamentos de José Engrácia Antunes e Anne Petit-Perrie Sauvain, que:

> Esse complexo processo de previsão-planejamento-controle-implementação-coordenação só é possível graças ao fato de o grupo de sociedades, como a técnica por excelência de desenvolvimento da empresa moderna, possuir uma **direção econômica unificada no seio do mais alto escalão da sociedade de comando**, que faz surgir como consequência imediata, perceptível até ao mais desatento, "uma unidade econômico-empresarial de segundo grau relativamente às várias sociedades individuais que o compõem - ou, se se quiser, metaforicamente, uma espécie de 'super sociedade', que é composta e que atua através de outras sociedades. Tal direção econômica unitária reflete-se na existência de uma **estratégia ou política econômica geral do grupo** ("group planning process", "Konzernpolitik"), a qual, definida pelo núcleo dirigente do grupo (situado regra geral junto da Sociedade-mãe: "group top management"), **incidindo sobre os diversos aspectos setoriais do respectivo funcionamento** (política comercial, política de produção e vendas, política financeira, política laboral, política de investimentos, política de gestão), e assumindo diferentes graus de integração (que vão da total centralização até formas acentuadas de controle descentralizado), **coordena e superintende as atividades econômicas das várias sociedades agrupadas**. Anote-se, a propósito, ainda, a acertada observação de Anne Petit-Pierre Sauvain: "a gestão unitária pode ser centralizada e descentralizada, hierárquica ou colegial, pode traduzir-se numa intervenção constante nos negócios das filiais ou limitar-se à definição das grandes linhas de conjunto de respectiva política: **ela estará sempre, e como quer que seja, presente e far-se-á sempre sentir para reprimir as atitudes incompatíveis com o espírito e os interesses do grupo, ou, simplesmente, de sua organização**.[35] (*negritei*)

---

[35] LOBO, Jorge. Direito dos grupos de sociedades. **Revista de Direito Mercantil, Industrial, Econômico e Financeiro**, São Paulo, v. 107, p. 108, 1997.

Em um primeiro momento, a característica de direção econômica unitária parece ser antagônica à característica de autonomia jurídica. Para Viviane Muller Prado e Maria Clara Troncoso, "Estas duas características coexistem, respectivamente, em razão de dois conceitos fundamentais do direito societário: poder de controle e personalidade jurídica."[36] Segundo elas:

> O poder de controle exercido em várias sociedades por uma mesma pessoa, direta ou indiretamente, viabiliza a unidade econômica de entes juridicamente independentes, em decorrência da direção unitária do conjunto de sociedades. **O controlador passa a ter interesses empresariais em todas as sociedades das quais participa. Os seus atos não se exaurem no exercício dos direitos inerentes à sua posição de sócio em uma só sociedade e possuem valor relacionado com a coordenação das atividades das empresas do grupo.** Esta dependência econômica em razão do poder decisório unificado, todavia, não retira a personalidade jurídica de cada uma das sociedades que formam o grupo e, por conseqüência, elas permanecem com organizações e patrimônios independentes. É **justamente a independência patrimonial e a não-confusão de responsabilidades da controladora e das demais sociedades controladas que fazem desta forma de concentração empresarial o instrumento para a redução dos riscos de expansão dos negócios.**[37] (*negritei*)

Realmente, a formação de grupos de sociedades verifica-se possível, em grande parte se não ao todo, por meio de mecanismos de controle societários. Nas palavras de José Antunes Engrácia:

> (...) Ora, seria justamente a legitimação e consagração de diversos mecanismos de controlo de sociedades sobre sociedades, ocorrida progressivamente em todas as ordens jurídico-societárias contem-

---

[36] PRADO, Viviane Muller; TRONCOSO, Maria Clara. Análise do fenômeno dos grupos de empresas na jurisprudência do STJ. **Revista do Direito Bancário e do Mercado de Capitais**. São Paulo, n. 40, p. 98, 2008.
[37] PRADO; TRONCOSO, op. cit., p. 98.

porâneas, que viria a conferir viabilidade prática e consistência jurídica a semelhante forma de organização empresarial: na verdade, foram tão mecanismos que permitiram o estabelecimento da típica e complexa rede de laços intersocietários sobre a qual repousa toda a empresa grupal (pluralidade jurídica) e é graças a eles que o respectivo vértice hierárquico assegura a coordenação estratégica e a coesão económica do todo empresarial (unidade económica). (...) Semelhantes mecanismos de controlo intersocietário, da mais variada natureza, são hoje inumeráveis, englobando instrumentos de natureza *financeira* (...) *organizativa* (...) *contratual* (...) *pessoal* (...) ou até de natureza puramente *fáctica*. **Em suma, o controlo intersocietário constitui o princípio energético da nova realidade empresarial multisocietária,** constituindo o seu "crucial point" (HOOD/YOUNG), o seu "substantial axle" (WALLACE) ou o seu "vital link" (BLUM-BERG). **Não fora a consagração legal de tais mecanismos, os grupos societários, mas do que simplesmente condenados à clandestinidade, seriam hoje um fenómeno verdadeiramente impensável.**[38] (*negritei*)

Feitas as observações doutrinárias acima, os grupos de sociedades no Brasil podem ser classificados em dois grandes tipos: (i) o grupo de direito; e (ii) o grupo de fato.

O grupo de direito é constituído pela sociedade controladora e suas controladas, mediante convenção escrita pela qual se obriguem a combinar recursos ou esforços para a realização dos respectivos objetos ou a participar de atividades ou empreendimentos comuns.

A constituição do grupo de direito fica condicionada ao cumprimento formal de todos os requisitos previstos nos artigos 265 a 277 da Lei nº 6.404/76, dentre os quais se destacam, além da convenção escrita acima mencionada, o arquivamento desta no registro do comércio e posterior publicação.

Em virtude disso, a concepção de grupos de direito para o direito concorrencial é a mesma da do direito societário, não havendo peculiaridades a serem ressaltadas.

---

[38] ANTUNES, op. cit., p. 36-37.

Vale notar, contudo, que apesar da previsão legal, os grupos de direito são raríssimos na prática. Como Nelson Eizirik bem destaca:

> (...) praticamente não há, em nossa prática de negócios, grupos de direito, cuja disciplina legal é raramente utilizada; pode-se dizer que as disposições legais que tratam do grupo de direito, na realidade, "não pegaram", pois são raríssimos os casos de empresas que estabelecem, mediante convenção, o regramento de suas relações.[39]

Já os grupos de fato não estão definidos na legislação societária e são, por sua vez, extremamente numerosos. Consoante Nelson Eizirik:

> O grupo de fato é aquele integrado por sociedades relacionadas tão somente por meio de participação acionária, sem que haja entre elas uma organização formal ou obrigacional. As relações jurídicas mantidas entre as sociedades que integram o grupo devem ser fundamentadas nos princípios e nas regras que regem as relações entre as companhias fechadas.[40]

Indiscutivelmente, os grupos de fato pressupõem, como regra geral, certa participação acionária/societária. No entanto, a ausência de definição na legislação societária não deixa de criar insegurança quanto aos demais parâmetros para a caracterização de grupo de fato. E, em particular, se os parâmetros doutrinários de direção econômica unitária, autonomia jurídica e controle societário seriam considerados na prática.

Em busca de uma resposta nesse sentido, Viviane Muller Prado e Maria Clara Troncoso realizaram uma pesquisa jurisprudencial no STJ e chegaram a conclusão de que a caracterização de grupos de fato em referido tribunal não segue, na maioria das vezes, os parâmetros doutrinários ou mesmo outros específicos. Dentre os resultados apurados, destacaram que:

> c) Em apenas 35 das 106 decisões analisadas encontramos elementos que apontam o entendimento do julgador do que considera grupo

---

[39] EIZIRIK, Nelson. **A Lei das S/A Comentada**. São Paulo: Editora Quartier Latin do Brasil, 2011. V. 3. p. 519.
[40] Ibid., p. 515-516.

societário. Nestes casos, todavia, **não há uniformidade nem rigor na análise dos elementos que constituem o conceito de grupos.**
d) Em somente 22 das 106 decisões levou-se em consideração para a caracterização do grupo a existência de relação de controle societário. Entretanto, apenas uma destas decisões faz referência à legislação societária para fundamentar a existência do poder empresarial. **Constatou-se que a discussão doutrinária sobre se o elemento para caracterizar o grupo é o controle ou a direção unitária não aparece na jurisprudência.** Ademais, outra constatação é o entendimento negativo da existência da direção unitária, em especial para o efeito da responsabilização.[41] *(negritei)*

Na esfera concorrencial, os grupos de sociedades não foram definidos pela Lei nº 8.884/94 nem pela Lei nº 12.529/11.

Sob a égide da Lei nº 8.884/94, o Anexo V da Resolução CADE nº 15/98 definia "grupo de empresas" como "conjunto de empresas sujeitas a um controle comum".

Sob a égide da Lei nº 12.529/11, o artigo 4º, parágrafo 1º, da Resolução CADE nº 02/2012 passou a indicar dois fatores cumulativos para a configuração de grupo econômico, a saber: "(i) as empresas que estejam sob controle comum, interno ou externo; e (ii) as empresas nas quais qualquer das empresas do inciso (i) seja titular, direta ou indiretamente, de pelo menos 20% (vinte por cento) do capital social ou votante".

Segundo os princípios que norteiam o direito da concorrência, já se sabia que, para a caracterização de grupo econômico, o controle comum poderia ser em âmbito interno ou externo. Porém, ao indicar expressamente o âmbito de manifestação de controle comum, a Resolução CADE nº 02/2012 não deixou margem para discussões que porventura tentassem esquivar alguma operação dessa regra.

A inovação da definição sob comento consiste, entretanto, na especificação de uma porcentagem mínima de participação acionária/societária entre as sociedades quando houver controle comum interno. Destaca-se que a cumulatividade exigida pelo artigo 4º, parágrafo 1º, da Resolução CADE nº 02/2012 somente se aplica nos casos de controle comum interno, pois controle externo não envolve participação acionária/societária.

---

[41] PRADO; TRONCOSO, op. cit. p. 119.

A vinculação de controle comum interno a uma porcentagem fixa de participação acionária/societária para a configuração de grupo econômico é, de certa forma, controversa.

De um lado, há a vantagem de um parâmetro preciso, ou seja, caso nenhuma das sociedades sob controle comum interno detenha, direta ou indiretamente, 20% do capital social da sociedade envolvida, não haverá, em tese, configuração de grupo econômico para efeitos de notificação da operação ao CADE.

Por outro lado, como será abordado nos próximos Capítulos, nem sempre a porcentagem detida, direta ou indiretamente, no capital social está intrinsecamente ligada ao efetivo ou potencial poder de controle sobre a sociedade a efeitos concorrenciais. Ademais, recentes julgados do CADE posicionaram-se no sentido de que, para a configuração de grupo econômico, deve-se considerar não só o controle, mas também a influência relevante dos acionistas/sócios sobre a sociedade (vide Capítulo 3, item 3.5.1). É certo que, na ausência de outros elementos, determinadas participações acionárias/societárias (como, por exemplo, 20% do capital social) podem criar a presunção de uma possível influência relevante. Contudo, caso tenha sido essa a intenção da Resolução CADE nº 02/2012, os incisos (i) e (ii) de seu artigo 4º não deveriam ser cumulativos.

Assim, embora a Resolução CADE nº 02/2012 contenha critérios mais específicos para apurar a existência de grupos com maior foco na relação de controle e direção unitária entre as sociedades, é possível que exclua operações que não se enquadrem nos termos do seu artigo 4º, parágrafo 1º, mas que possam representar igual dano à concorrência.

Em virtude do anterior, sábias são as palavras de José Engrácia Entunes para concluir este tema:

> As empresas plurisocietárias são estranhas criaturas do mundo económico contemporâneo, geradas no ventre geneticamente antinómico do direito societário moderno: as razões que tornaram possível o seu nascimento são as mesmas que explicam os fracassos e becos sem saída da sua disciplina actual. Por isso, é nossa convicção profunda que qualquer futura regulação jurídica deste fenómeno apenas poderá ter êxito caso, numa espécie de "regresso às origens", sejam reequacionadas, de modo consistente e global, as próprias fundações do Direito das Sociedades do séc. XXI, desfazendo defi-

nitivamente o nó górdio entretecido pela sua paradoxal genealogia: enquanto isto não for feito, não é de esperar qualquer avanço ou progresso significativo na matéria.[42]

De fato, a concepção de grupo reveste-se de certa complexidade e a sua abordagem no ordenamento jurídico brasileiro trata-se ainda de um grande desafio.

1.6 Confronto entre o direito societário e o direito concorrencial

Diante do exposto nos itens anteriores, nota-se que o direito societário e o direito concorrencial possuem bases distintas, conquanto por vezes convergentes, para a definição de controle de sociedades.

A importância da relação de poderes decisórios dentro do âmbito da sociedade é comum tanto ao direito societário como ao direito concorrencial. No entanto, a diferença de escopos entre ambos embasa a principal discrepância sobre as características consideradas por cada qual na definição de controle.

Conforme discutido acima, o direito societário centraliza sua análise nas relações intra-societárias com vistas a tutelar, principalmente, os investimentos e interesses dos acionistas/sócios da sociedade.

Embora o direito concorrencial também centralize, em parte, sua análise nas relações intra-societárias, seu foco de preocupação não é o acionista/sócio da sociedade. O direito concorrencial visa manter as condições eficientes de mercado de modo a proteger, em última instância, a livre concorrência e o consumidor.

Calixto Salomão Filho sintetiza essa afinidade e discrepância de interesses entre o direito societário e o direito concorrencial da seguinte maneira:

> Comum a ambos os ramos do direito é o tratamento dos poderes societários de disposição sobre unidades empresariais juridicamente independentes mas economicamente dependentes. Distinção fundamental é que, enquanto a preocupação do direito societário é com a determinação por interesses estranhos aos interesses da sociedade (*v.g.*, aqueles pessoais do controlador) dos destinos do patrimônio

---

[42] ANTUNES, op. cit., p. 52.

social, o direito concorrencial, ao se defrontar com o mesmo objeto, tem como preocupação a manutenção de estruturas de mercado (concorrência) consideradas desejáveis do ponto de vista econômico. Conseqüentemente, objeto de proteção do direito societário são, em primeira linha, os interesses dos acionistas minoritários e dos credores, enquanto as preocupações do direito concorrencial se centram, como já visto, em concorrentes e consumidores.[43] [44]

Ao passo que o direito societário direciona sua análise substancialmente dentro da sociedade, o direito concorrencial parte dessa análise interna societária e a amplia para avaliar a sua repercussão fora da sociedade. Como ressalta Arthur Badin, ex-presidente do CADE, "o direito concorrencial encontra alicerce a partir de conceitos e delimitações do direito societário para o início de sua análise. Todavia, valoriza de forma mais acentuada aspectos da realidade econômica das empresas em detrimento de suas formas jurídicas".[45] Ou seja, o principal foco de análise concorrencial consiste em apurar os impactos que as relações intra-societárias podem ter no mercado com relação a concorrentes e consumidores.

Para a avaliação desses impactos no mercado, torna-se imprescindível a identificação dos polos decisórios capazes de influenciar os negócios da sociedade. No entanto, percebe-se que a noção de controle societário tal como consta da legislação societária é muito restrita para fins concorrenciais. Conforme Fábio Ulhoa Coelho assevera, "a adoção do conceito de controle, criado pela lei com o objetivo único de reger as relações

---

[43] SALOMÃO FILHO, Calixto. op. cit., p. 279.
[44] Em seguida, Calixto Salomão Filho observa que há também um conflito de interesses latente entre os grupos tutelados pelo direito societário (sócios / acionistas e credores) e pelo direito concorrencial (concorrentes e consumidores). Como exemplo, o autor menciona que "Práticas que configuram abuso de posição dominante, claramente prejudiciais aos consumidores, são benéficas a minoritários e credores, na medida em que produzem lucros extraordinários". In: Ibid.
[45] BRASIL. Conselho Administrativo de Defesa Econômica. Ato de Concentração n. 08012.010455/2008-71, Rel. Fernando de Magalhães Furlan, Declaração de Voto de Arthur Badin, 9 de fevereiro de 2009. Disponível em: <http://www.cade.gov.br/Default.aspx?a8889b6caa60b241d345d069fc>. Acesso em: 31 mai. 2013.

intra-societárias, mostrar-se-á insuficiente à identificação de quem *realmente* é o titular do *poder* de direcionar os negócios".[46]

Logo, conclui-se que controle, a efeitos concorrenciais, requer abordagem diferenciada da societária. A doutrina costumeiramente associa o controle concorrencial à influência dominante. De acordo com Calixto Salomão Filho, "a noção de controle para o direito concorrencial pode ser entendida como a influência dominante que um agente possui em relação às decisões de outro agente, as quais afetem sua conduta no mercado".[47]

O termo "influência dominante" é geralmente utilizado para abranger as diferentes formas de materialização de controle e não somente aquelas concretizadas por meio de uma participação societária majoritária (*e.g.*, controle minoritário, controle gerencial, controle externo, etc.). Se a amplitude desse conceito é questionada sob a perspectiva societária, reveste-se de certo mérito sob a perspectiva concorrencial. Fábio Konder Comparato e Calixto Salomão Filho explicam que:

> A expressão "influência dominante" ganha em precisão quando aplicada no direito concorrencial para indicar aquelas situações em que, mesmo sem a existência de controle no sentido societário, há o poder de dirigir a atividade e modificar estruturalmente a sociedade, produzindo efeitos de concentração econômica.[48]

A influência dominante está, pois, intrinsicamente ligada à figura de concentração econômica, sendo esta entendida, no resumo de Nuno Carvalho, como:

> todo ato de associação empresarial, seja por meio de compra parcial ou total dos títulos representativos de capital social (com direito a voto ou não), seja através da aquisição de direitos e ativos, que pro-

---

[46] COELHO, Fábio Ulhoa. O conceito de poder de controle na disciplina jurídica da concorrência. In: WALD, Arnoldo. **Doutrinas essenciais:** direito empresarial. São Paulo: Editora Revista dos Tribunais Ltda., 2011. v. 3, cap. 40, p. 708.
[47] SALOMÃO FILHO, Calixto. **Regulação e concorrência:** Estudos e pareceres. São Paulo: Malheiros, 2002. p. 89.
[48] COMPARATO; SALOMÃO FILHO, op. cit., p.81.

voque a substituição de órgãos decisórios independentes por um sistema unificado de controle empresarial.[49]

Por óbvio, a influência dominante (ou seja, a influência exercida de forma habitual sobre o planejamento comercial de sociedades) cria a presunção de concentração econômica na medida em que pode causar a perda da autonomia de certos participantes no mercado ao viabilizar a unificação do centro decisório de suas práticas comerciais.

A influência dominante não se confunde com a influência relevante a efeitos concorrenciais. Conforme mencionado no item 1.4 acima, há a caracterização de influência relevante a efeitos concorrenciais quando esta não for dominante a ponto de controlar a sociedade, mas for suficiente para induzir suas práticas comerciais e atuação no mercado.

Ao contrário da influência dominante, a influência relevante a efeitos concorrenciais não possui a força necessária para originar uma concentração econômica. Entretanto, se aliada a outros fatores casuísticos, pode criar cooperações econômicas.

Em confrontação às concentrações econômicas, as cooperações econômicas são aquelas caracterizadas, nas breves linhas de Calixto Salomão Filho:

> pela uniformidade de uma determinada conduta ou pela execução conjunta de certas atividades sem a intervenção na autonomia de cada uma das empresas. Este conceito é diferente da concentração, que pressupõe a perda de autonomia das partes envolvidas, com a formação de um único centro decisório para toda a conduta no mercado, no qual anteriormente havia mais de um.[50]

Em outro paralelo, a influência relevante a efeitos concorrenciais poderia ser associada, de certa forma, à influência significativa prevista na legislação societária, conforme abordada no item 1.3 acima.

Feitas essas considerações, vale contextualizá-las em dois cenários: efetividade *versus* possibilidade. Trata-se de mais um contraponto entre o

---

[49] CARVALHO, Nuno T. P. **As concentrações de empresas no direito antitruste**. São Paulo: Resenha Tributária, 1995, p. 91-92.
[50] SALOMÃO FILHO, op. cit. p. 90-91.

direito societário e o direito concorrencial. Como discutido no item 1.3 acima, o direito societário exige, como regra geral: (i) o uso efetivo do poder para dirigir as atividades sociais e orientar o funcionamento dos órgãos da companhia para a configuração de controle; e (ii) o uso efetivo ou a possibilidade de uso para a configuração de a influência significativa. Já o direito concorrencial leva em consideração não somente a efetividade, mas também a possibilidade de uso, tanto para a configuração de controle (que inclui a noção de influência dominante) como para de influência relevante, por entender que a mera possibilidade em si já seria capaz de produzir efeitos adversos no mercado.

Por fim, como discutido nos itens anteriores, a verificação de controle e influência para fins societários e concorrenciais deve ser feita no âmbito dos respectivos grupos das sociedades envolvidas. A limitação dessa análise somente às sociedades diretamente envolvidas em uma determinada operação poderia levar a resultados não condizentes com a realidade.

Os grupos de direito (ou seja, aqueles formados mediante convenção nos termos da Lei nº 6.404/76) são assim igualmente entendidos pelo direito societário e pelo direito concorrencial. Os grupos de fato ganham, por sua vez, certas particularidades sob a perspectiva de cada direito, sendo que para o direito concorrencial, as relações de controle, coligação e direção econômica unitária são imprescindíveis.

Realizadas as confrontações acima entre o direito societário e o direito concorrencial, as seguintes premissas podem ser extraídas para o delineamento do conceito de controle a efeitos concorrenciais:

a) o direito concorrencial desenvolve seus próprios conceitos de controle, influência dominante, influência relevante e grupo de sociedades com base nas definições e princípios do direito societário.

b) para o direito concorrencial, importa o impacto que as relações intra-societárias podem causar nas estruturas de mercado, independentemente da forma como essas relações se materializam.

c) a transferência do controle societário pressupõe, não necessariamente causa, um impacto adverso no mercado.

d) para o direito concorrencial, pode haver alteração de controle de uma sociedade ainda que esta alteração não se enquadre na definição prevista na legislação societária.

e) para o direito concorrencial, controle é a efetiva ou possível influência dominante sobre determinadas sociedades, ou seja, a influência habitual sobre o planejamento comercial de sociedades capaz de unificar as decisões comerciais dessas sociedades no mercado, desqualificando a autonomia das mesmas e propiciando concentrações econômicas.
f) a análise concorrencial considera controle dentro do grupo econômico das sociedades envolvidas para identificar quem de fato tem o poder de exercer influência dominante sobre as mesmas e causar impactos adversos no mercado.

2. ELEMENTOS SOCIETÁRIOS INTERNOS DE CONFIGURAÇÃO DE CONTROLE E INFLUÊNCIA RELEVANTE A EFEITOS CONCORRENCIAIS

2.1 Considerações gerais

A configuração de controle e influência relevante a efeitos concorrenciais por meio de relações societárias internas requer a análise conjunta de uma série de elementos, tais como, composição acionária/societária e estrutura organizacional da sociedade, competência e quorum legal de deliberação dos acionistas/sócios e dos administradores, bem como disposições específicas do estatuto/contrato social e acordo de acionistas/sócios (se existente) sobre **matérias relacionadas à política comercial** da sociedade.

Destaca-se, matérias relacionadas à política comercial, ou seja, matérias relativas à pesquisa e desenvolvimento, investimento, produção e vendas da sociedade. Como discutido no Capítulo 1, matérias que não estejam, direta ou indiretamente, relacionadas à política comercial da sociedade geralmente não importam ao direito da concorrência já que não costumam interferir na atuação da sociedade no mercado.

Os elementos comentados acima devem ser analisados em dois contextos distintos: (i) as relações societárias da sociedade antes da operação pretendida; e (ii) as relações societárias da sociedade caso a operação fosse efetivamente realizada.

Com relação ao primeiro contexto, a análise chegará à conclusão sobre a identidade do controlador, o tipo de controle concorrencial e a existência de eventual acionista/sócio com influência relevante sobre a sociedade (considerados os grupos pertinentes).

Com relação ao segundo contexto, a análise chegará à conclusão se a operação pretendida acarretaria a alteração da identidade do controlador, do tipo de controle concorrencial e de eventual influência relevante sobre a sociedade (considerados os grupos pertinentes).

2.2 Composição acionária/societária da sociedade

O primeiro passo é analisar a composição acionária/societária da sociedade de forma a identificar todos os acionistas/sócios, seus respectivos grupos econômicos e participações no capital social.

Essa verificação inicial servirá de base para apurar a relevância de cada acionista/sócio na adoção de matérias previstas em lei, estatuto/contrato social e/ou acordo de acionistas/sócios que sejam, direta ou indiretamente, relacionadas à política comercial da sociedade, conforme tratado nos itens 2.3 a 2.6 abaixo.

Nota-se, portanto, que especial atenção deverá ser destinada ao grau de concentração ou dispersão da propriedade do capital social, a natureza da participação acionária/societária, seu caráter votante, a propriedade da participação votante e a legitimidade para votar.

2.2.1 Concentração e dispersão da propriedade do capital social

O grau de concentração ou dispersão de propriedade do capital social de uma sociedade é elemento importante para a identificação dos acionistas/sócios ou grupos de acionistas/sócios (considerados os grupos econômicos pertinentes) que exercem controle ou influência relevante sobre referida sociedade.

A legislação societária estabelece competência privativa dos acionistas/sócios e quóruns específicos para a aprovação de determinadas matérias, ora atrelando-os a uma certa porcentagem do capital social da sociedade, ora à efetiva presença e manifestação do acionista/sócio em assembleia/reunião (para maiores detalhes, vide item 2.4 abaixo).

Costuma-se, portanto, associar o acionista/sócio ou grupo de acionistas/sócios (considerados os grupos econômicos pertinentes) titular de participação acionária/societária equivalente ou superior àquela determinada na legislação societária para a adoção da maioria das decisões sociais à figura do controlador da sociedade.

A validade dessa associação está, contudo, sujeita a duas condicionantes: (i) alta concentração do capital social da sociedade; e (ii) ausência de outros fatores que possam limitar a atuação do acionista/sócio majoritário, tais como gravames sobre a propriedade das suas quotas/ações (item 2.2.3) e disposições específicas do estatuto/contrato social e/ou acordo de acionistas/sócios da sociedade em questão (item 2.6).

Se essas condicionantes não estiverem presentes, é possível que haja uma dissociação entre "propriedade acionária/societária" e "controle acionário/societário", da qual se podem originar diversos tipos de controle, conforme as circunstâncias de cada caso em concreto. Para fins de classificação, a doutrina brasileira costuma fazer referência ou adaptações àquela proposta por Adolf A. Berle e Gardiner C. Means na clássica e contemporânea obra "The Modern Corporation and Private Property", publicado originalmente em 1932.[51]

Em vista da crescente dispersão do capital social das sociedades nos Estados Unidos da América no início do século XX e, consequentemente, da separação entre os conceitos de propriedade e controle, Adolf A. Berle e Gardiner C. Means realizaram uma pesquisa com as duzentas maiores companhias norte-americanas à época. Com a ressalva de que não se poderia realizar uma distinção precisa, Adolf A. Berle e Gardiner C. Means identificaram cinco tipos de controle, a saber:

(i) o controle quase totalitário, ou seja, aquele exercido pelo acionista/sócio ou grupo de acionistas/sócios titular da quase totalidade do capital social da sociedade;

(ii) o controle majoritário, ou seja, aquele exercido pelo acionista/sócio ou grupo de acionistas/sócios titular da maioria do capital social da sociedade;

---

[51] BERLE, Adolf A.; MEANS, Gardiner C. **The modern corporation and private property**. U.S.A: Transaction Publishers, 1968.

(iii) o controle por meio de mecanismo legal, ou seja, aquele exercido por acionista/sócio ou grupo de acionistas/sócios por meio de mecanismos previstos em lei que lhe permitam exercer o controle, independentemente da porcentagem do capital social detido. Como exemplos, Adolf A. Berle e Gardiner C. Means mencionam sucessivas participações indiretas em diferentes sociedades até chegar na sociedade alvo (estrutura piramidal), classes especiais de ações e *voting trust*[52];

(iv) controle minoritário, ou seja, aquele exercido por acionista/sócio ou grupo de acionistas/sócios titulares de uma pequena parcela do capital social; e

(v) controle gerencial, ou seja, aquele exercido pelos administradores da sociedade em virtude da alta dispersão do capital social e impossibilidade de se atribuir o controle a um determinado acionista/sócio ou grupo de acionistas/sócios.

No Brasil, as sociedades são tradicionalmente caracterizadas pelo elevado grau de concentração de propriedade acionária/societária. De acordo com Germano Mendes de Paula e Enrico Spini Romanielo:

> **O elevado grau de concentração da propriedade acionária no Brasil já foi ressaltado por diversos estudos.** Considerando o período de 1997-2001, Mendes-da-Silva & Moraes (2004) observam que, num conjunto de 176 companhias industriais, o controle das ações com direito a voto do acionista majoritário aumentou de 55,4% para 62,4%. Leal (2004) comenta que a participação média das ações com direito a voto dos cinco maiores acionistas, no Brasil, cresceu

---

[52] Especificamente no que tange ao instituto de "voting trust", vale ressaltar a sua impossibilidade no Brasil. Nas palavras de Fábio Konder Comparato e Calixto Salomão Filho: "A constituição de *voting trusts*, com toda essa instrumentação orgânica prevista no direito norte-americano, inclusive com a emissão de títulos próprios, é juridicamente impossível no Brasil. O que se pode é realizar a transferência fiduciária da propriedade de ações, que não separa o voto dos demais direitos acionários, e que aparece perante a companhia, salvo o caso de alienação fiduciária em garantia, como uma transferência pura e simples da propriedade." In: COMPARATO; SALOMÃO FILHO, op. cit., p. 167.

de 79% para 1996 para 89% em 2000. Assaf Neto *et alii* (2007) ratificam a trajetória do aumento da participação média dos acionistas controladores. De fato, a participação média do maior acionista das ações com direito a voto na Bovespa passou de 48% (em 2000) para 53% (em 2006). Para os três maiores acionistas, a participação média cresceu de 53% para 69%, respectivamente.[53] (*negritei*)

Não obstante, com o significativo desenvolvimento do mercado de capitais brasileiro nos últimos anos, marcado pelo recorde de ofertas públicas iniciais em 2007[54] e pelo crescente número de adesões ao Novo Mercado da Bovespa[55], há indícios de uma possível atenuação do grau de concentração da propriedade acionária no Brasil rumo à relativa dispersão. Com base no estudo levantado por Érika Gorga sobre a matéria em 2008, Eduardo Secchi Munhoz destaca que:

> (...) em um universo de 92 companhias listadas no Novo Mercado, 65 delas são destituídas de controlador majoritário. Nessas companhias, em média, o maior acionista é titular de 26,23% das ações, os três maiores acionistas são titulares de 47,28% das ações e os cinco maiores são titulares de 54,73% das ações. Considerando o universo total de companhias listadas no Novo Mercado, em média, o maior acionista é titular de 36,39% das ações. **Trata-se de um surpreendente grau de dispersão acionária para o padrão brasileiro, tradicionalmente classificado com um sistema de controle concentrado.**[56] (*negritei*)

---

[53] PAULA, Germano Mendes de; ROMANIELO, Enrico Spini. Corporations à brasileira. In: SECURATO, José Claudio (Coord.). **Governança Corporativa:** Estrutura de controles societários. São Paulo: Editora Saint Paul; 2009. p. 71-72.

[54] Para maiores informações sobre as estatísticas das aberturas de capital na BM&FBOVESPA a partir de 2004, vide <http://www.bmfbovespa.com.br/cias-listadas/consultas/ipos-recentes/ipos-recentes.aspx? Idioma=pt-br>, acesso em 15 jan. 2013.

[55] Para maiores informações sobre as companhias listadas no segmento do Novo Mercado da Bovespa, vide <http://www.bmfbovespa.com.br/cias-listadas/empresas-listadas/BuscaEmpresaListada.aspx?idioma=pt-br>, acesso em 15 jan. 2013.

[56] MUNHOZ, Eduardo Secchi. Transferência de controle nas companhias sem controlador majoritário. In: CASTRO, Rodrido R. Monteiro de; AZEVEDO, Luis André N. de Moura (Coord.). **Poder de controle e outros temas de direito societário e mercado de capitais.** São Paulo: Editora Quartier Latin do Brasil, 2010. p. 290.

Os dados apontados acima são relativizados (porém não esvaziados de importância) na medida em que se consideram certas disposições estatutárias, como *poison pills*, e acordos de acionistas (item 2.6). Eduardo Secchi Munhoz ressalta que:

> Ao considerar o efeito dos acordos de acionistas, a pesquisa indica que 20 das 65 companhias anteriormente classificadas como sem acionista controlador, na verdade, possuem um bloco de acionistas que exerce o controle de forma majoritária. Nessas 20 companhias, o bloco de controle é titular em média de 65,27% das ações, ao passo que a participação média do maior acionista, sem considerar o efeito desses acordos, é de apenas 28,06% das ações. Assim, o número das companhias sem controlador majoritário reduz-se de 65 para 45, do total de 92 listadas no Novo Mercado. A participação média do maior acionista, considerado o efeito dos acordos de acionistas nas 92 companhias pesquisadas, sobe então de 36,39% para 45,25% das ações. **Ainda assim, é um grau importante de dispersão acionária, sobretudo quando se toma em consideração o padrão anterior, com níveis de concentração muito mais elevados.**[57] (*negritei*)

Por fim, Eduardo Secchi Munhoz conclui que, dentre as companhias listadas no Novo Mercado da Bovespa, predomina o controle minoritário. Nas suas palavras:

> Em suma, os dados empíricos antes destacados permitem concluir que o padrão dominante da propriedade do capital das companhias listadas no Novo Mercado da Bovespa é de **controle minoritário**, organizado entre os maiores acionistas (famílias, fundos de pensão, bancos e investidores estrangeiros) por meio de **acordos de acionistas**, e reforçado pela previsão nos estatutos sociais de *poison pill*.[58]

Diante do acima exposto, constata-se que a concentração da propriedade acionária/societária vinculada à figura de um acionista/sócio ou grupo de acionistas/sócios controlador continua sendo característica marcante

---

[57] MUNHOZ, op. cit., p. 290.
[58] Ibid., p. 292.

das sociedades no Brasil. Não obstante, começam a surgir evidências de uma possível transição para uma estrutura mais dispersa de propriedade acionária/societária que, muito embora não alcancem ainda o contexto de dispersão estudado por Adolf A. Berle e Gardiner C. Means, tornam-se inéditas e de grande relevância no atual cenário brasileiro.

2.2.2 Natureza da participação acionária/societária e caráter votante

A natureza da participação acionária/societária de cada acionista/sócio é de extrema importância para identificar o caráter votante da mesma. A análise dessa natureza está sujeita às normas aplicáveis ao tipo jurídico da sociedade em questão, conforme abaixo explanado.

a) Sociedade por ações

As ações emitidas pelas sociedades por ações podem ser ordinárias, preferenciais ou de fruição, conforme a natureza dos direitos e vantagens que confiram aos seus titulares (artigo 15, *caput*, da Lei nº 6.404/76).

Como as ações de fruição resultam da completa amortização das ações ordinárias e preferenciais e, como explica Modesto Carvalhosa, "(...) outorgam a seus titulares os mesmos direitos da categoria ou classe a que pertenciam as ações amortizadas, por isso que nada lhes foi suprimido, com exceção apenas da ordem que deverá ser obedecida no caso de liquidação da companhia",[59] o desenvolvimento deste item centralizar-se-á nas ações ordinárias e preferenciais.

As ações ordinárias de sociedade por ações fechada poderão ser de classes diversas em função de: (i) conversibilidade em ações preferenciais, (ii) exigência de nacionalidade brasileira do acionista ou (iii) direito de voto em separado para o preenchimento de determinados cargos de órgãos administrativos (artigo 16 da Lei nº 6.404/76). Sociedades por ações abertas não podem emitir ações ordinárias com classes distintas.

As ações preferenciais tanto da sociedade por ações fechada como aberta podem ser de uma ou mais classes, devendo o estatuto social expressa e precisamente estabelecer as vantagens, preferências e restrições atribuídas

---

[59] CARVALHOSA, Modesto. **Comentários à lei de sociedades anônimas.** 5ª edição. São Paulo: Editora Saraiva, 2011. v. 1, p. 524.

a cada classe dessas ações. É facultado, ainda, prever no estatuto social a conversão de uma classe de ação preferencial em outra ou em ação ordinária, fixando as respectivas condições (artigo 19 da Lei nº 6.404/76).

Todas as ações ordinárias concedem ao seu titular direito de voto. As ações preferenciais podem, por sua vez, restringir ou não conceder direito de voto aos seus titulares. Isso não quer dizer, todavia, que as ações preferenciais representem uma preocupação menor para o direito concorrencial.

Embora as ações preferenciais não tenham em sua própria natureza o condão de permitir ao seu titular o controle sobre a sociedade, podem mesmo assim conceder-lhe influência relevante a efeitos concorrenciais dependendo dos direitos políticos que lhe sejam atribuídos, principalmente se forem relacionados a matérias de extrema relevância comercial para o desenvolvimento das atividades da sociedade.

Em todo caso, é importante ter em mente que o número de ações preferenciais sem direito a voto ou com voto restrito não pode ultrapassar 50% do total das ações emitidas (artigo 110, *caput*, da Lei nº 6.404/76).

Como regra geral, a cada ação votante atribui-se um voto. Isto quer dizer que um acionista poderia se tornar controlador de uma sociedade por ações sendo proprietário de uma pequena parcela do capital social dependendo da natureza, classe, direitos e preço de emissão das ações, dentre outros fatores.[60]

---

[60] Na explicação de Fábio Ulhoa Coelho sobre o tema: O primeiro e fundamental instrumento de organização do poder de controle encontra-se na figura da ação sem direito a voto. A LSA estabelece que até 50% do total das ações emitidas pela sociedade anônima podem ser preferenciais sem voto (art. 15, § 2º). Desse modo, **quando emitidas ações ordinárias (votantes) e preferenciais (não votantes) *ao mesmo preço*, o empreendedor responsável pela iniciativa de constituir a empresa pode controlar a sociedade anônima, contribuindo com cerca de pouco mais de 25% dos recursos aportados no capital social.** Claro que, para tanto, ele deve subscrever apenas ações ordinárias. Imagine-se que *Antonio Almeida* identificou, no mercado, uma interessante oportunidade de negócio, mas calcula que a sua implantação demande o investimento de *R$ 30.000.000,00*. Como não possui disponível esse dinheiro, ele deseja atrair parceiros, para alavancar o capital necessário, mas quer, por outro lado, manter a direção da empresa, com exclusividade. A forma jurídica para viabilizar esses dois interesses do empreendedor é a da constituição de uma sociedade anônima, com ações ordinárias e preferenciais de mesmo preço de emissão. As preferenciais, nesse caso, não podem conferir aos acionistas o direito de voto, e devem corresponder ao máximo permitido na lei, isto é, metade de todas as ações emitidas. O capital social da companhia de *Antonio* deverá, então, ser dividido em 30.000.000 de ações, ao preço de emissão de *R$ 1,00* cada, sendo 15.000.000 ordinárias e 15.000.000 preferenciais sem voto. Constituída a companhia com

Entretanto, existem duas exceções à regra de "uma ação, um voto", a saber:

(i) limitação estatutária ao número de votos de cada acionista (artigo 110, § 1º, da Lei nº 6.404/76). De acordo com Fran Martins:

> Satisfaz, assim, a lei aos interesses do acionista, visto como não o priva do direito de voto mas reduz suas possibilidades de maior participação, pois, a partir de certo limite (por exemplo: 100 ações), já não poderá votar com as ações que possuir, dada a limitação imposta pelo estatuto. Se, na verdade, há uma equiparação dos acionistas quanto ao exercício do direito de voto, pois todos ficarão subordinados à mesma regra, pode daí resultar que o acionista que tiver interesse político na sociedade não se preocupe em possuir um maior

esse perfil, Antonio poderá controlá-la subscrevendo mais da metade das ações ordinárias, isto é, com o desembolso de algo como R$ 7.500.001,00, que representa pouquíssimo mais de 1/4 do total dos recursos necessários. **Ressalto que o limite máximo da lei para ações preferenciais sem direito de voto não representa um percentual do *capital social*, mas sim, das ações emitidas. Isso significa que é possível aumentar ainda mais o poder de controle, mediante a emissão de ações a preços diferenciados.** No exemplo acima, se Antonio dispõe, para investir na nova companhia, de R$ 4.000.001,00, poderá conservar o controle, com exclusividade, se a companhia emitir 8.000.000 de ações ordinárias, ao preço de R$ 1,00 e 8.000.000 de ações preferenciais sem voto, ao preço de R$ 2,75 por ação. Nessa segunda hipótese, *Antonio* está controlando o emprego dos *R$ 30.000.000,00*, tendo contribuído com aproximadamente 14% desse montante. **Se pretender ampliar ainda mais o seu poder,** *Antonio* **pode estabelecer condições diferenciadas para pagamento do preço de emissão de cada espécie de ação.** Ou seja, como a lei exige apenas uma entrada de 10% do preço de emissão para ações integralizadas a prazo (art. 80, II), as ordinárias da companhia fundada por Antonio poderiam ter o seu preço parcelado, enquanto as preferenciais seriam pagas à vista. Desse modo, o capital social deveria ser maior, R$ 50.000.000,00, por exemplo. Ele seria representado por 25.000.000 ações ordinárias, todas ao preço de emissão de R$ 1,00, do qual se exigiria o pagamento de apenas R$ 0,10, como entrada, ficando o restante a ser pago quando de futuras chamadas de capital; e 25.000.000 de ações preferenciais, ao preço de emissão, à vista, de *R$ 1,00*. Adotando essa formatação, *Antonio*, ao subscrever a maioria das ações ordinárias (empregando R$ 1.250.000,10), e ao encontrar interessados para as demais ordinárias e preferenciais, acabaria controlando recursos de ordem de R$ 27.500.000,00, tendo contribuído com menos de 4,5% destes. **O poder de controle poderia ser ainda maior se as ações ordinárias tivessem o seu preço de emissão inferior ao das preferenciais, combinando-se esse instrumento e o anterior.** *(negritei)* In: COELHO, Fábio Ulhoa. **Curso de direito comercial:** Direito de empresa. 11ª edição. São Paulo: Editora Saraiva, 2008. v. 2. p. 281 - 282.

número de ações já que esse excedente não lhe faculta, como deveria acontecer, um número superior de votos.[61]

(ii) voto múltiplo para a eleição de membro do conselho de administração (artigo 141 da Lei nº 6.404/76). Este tema será abordado no item 2.4.4 abaixo.

Diante do acima exposto, resta clara a importância de se identificar cada tipo, espécie e classe de ação emitida pela sociedade, com especial foco nos direitos e restrições que lhe são atribuídos, bem como na possibilidade de conversão de um tipo em outro haja vista a possibilidade de desequilíbrio das relações de poder e influência entre os acionistas sobre a sociedade.

b) Sociedade limitada

O Código Civil não disciplina o exercício do direito de voto nas sociedades limitadas. Se o contrato social eleger a regência supletiva da Lei nº 6.404/76, aplica-se a regra de que a cada quota atribui-se um voto.

No entanto, se o contrato social for omisso ou expressamente eleger a regência supletiva das normas aplicáveis às sociedades simples, aplicam-se estas. Neste caso, as deliberações serão tomadas por maioria de votos, contados segundo o valor das quotas de cada sócio. Conforme exemplifica Fabio Ulhoa Coelho, "Se *Antônio* é titular de quotas representativas de 50% do capital social, enquanto *Benedito* e *Carlos* titularizam 25% cada um, a cada 10 votos do primeiro sócio corresponderão 5, para o segundo, e 5, para o terceiro."[62] Se houver empate, deve-se considerar a vontade do maior número de sócios (artigo 1.010 do Código Civil). Ainda com base no mesmo exemplo de Fabio Ulhoa Coelho, "Se *Antônio* votou em Pedro para presidente, enquanto Benedito e Carlos votaram em João, deu-se empate; mas, eleito está João, segundo a regra de sociedade simples".[63]

---

[61] MARTINS, Frans. **Comentários à lei das sociedades anônimas:** artigo por artigo. 4ª edição. Rio de Janeiro: Editora Forense, 2010. p. 375.
[62] COELHO, op. cit., p. 432.
[63] Ibid.

2.2.3 Propriedade da participação votante e legitimidade para votar

Como regra geral, o acionista/sócio titular da participação votante é quem possui a legitimidade para exercer o direito de voto correspondente. No entanto, existem algumas situações em que o proprietário da participação votante não está legitimado a votar ou não tem plena discricionariedade sobre o seu voto. Por exemplo:

a) Ações gravadas com usufruto

O artigo 114 da Lei nº 6.404/76 determina que, se o direito de voto da ação gravada com usufruto não for regulado no ato de constituição do gravame, referido direito somente poderá ser exercido mediante prévio acordo entre o proprietário e o usufrutuário.

Nu-proprietário (no caso, acionista) e usufrutuário podem livremente dispor a forma pela qual um ou outro ou ambos exercerão o direito de voto relativo às ações gravadas com usufruto. Modesto Carvalhosa explica que:

> Seja no ato de constituição, seja no acordo celebrado posteriormente entre nu-proprietário e o usufrutuário, a matéria do exercício do voto será livremente pactuável. Assim, podem os conventes acordar que o voto será, sem restrições, exercido pelo usufrutuário ou pelo nu-proprietário. Poderão igualmente os convenetes distinguir a titularidade do direito de um e de outro *rationae materiae*. Assim, *v.g.*, será convencionado que nas matérias objeto de assembleia ordinária votará o usufrutuário e, nas matérias próprias das assembleias extraordinárias, votará o proprietário. A convenção de voto *rationae materiae* pode ser também mais específica. Exemplificativamente, caberia o voto ao usufrutuário em todos os assuntos, exceto naqueles referentes à venda ou à oneração de bens do patrimônio social. Ou, então, seriam reservados ao nu-proprietário apenas as matérias referentes à mudança estrutural da companhia ou as de participação em grupos de sociedades etc.[64]

---

[64] CARVALHOSA, Modesto. **Comentários à lei de sociedades anônimas.** 5ª edição. São Paulo: Editora Saraiva, 2011. v. 2, p. 489-490.

Ao poder exercer diretamente o direito de voto sem ser acionista, o usufrutuário torna-se figura atípica para o direito societário. Nas palavras de Modesto Carvalhosa, "Sua posição é *sui generis*. Com o fracionamento da propriedade que se opera com a instituição do usufruto, o usufrutuário deve ser considerado *pessoa legitimada* pela lei para o exercício do direito de voto."[65]

b) Ações empenhadas

O artigo 113, *caput*, da Lei nº 6.404/76 determina que o penhor da ação não impede o acionista de exercer o direito de voto. Contudo, permite que o contrato de penhor estabeleça que o acionista não poderá, sem o prévio consentimento do credor pignoratício, votar em certas deliberações.

Vale notar que referido artigo, ao fazer expressa referência de que o consentimento do credor seria aplicável a "certas deliberações" e não a toda e qualquer deliberação, buscou proteger tanto os interesses da sociedade como os do credor. Mauro Bardawil Penteado ressalta que:

> Com isso, evita-se que uma pessoa estranha à sociedade (credor pignoratício) exerça o direito de voto, decidindo sobre assuntos de interesse social e, paralelamente, se tutela o crédito do credor pignoratício ao conceder-lhe a possibilidade de não autorizar o voto do acionista devedor em certas deliberações assembleares".[66]

A intenção do legislador foi a de permitir que o credor tivesse o direito de consentir ou não sobre matérias que porventura pudessem prejudicar a sua garantia. Ainda de acordo com Mauro Bardawil Penteado:

> Sob esse prisma, cabe destacar também que o legislador outorgou a possibilidade de o credor não consentir com a aprovação de certas matérias tendo por fundamento *o escopo de garantia*, isto é, visando proteger a sua posição de credor. Portanto, e seguindo as lições de Giuseppe Ferri, o exercício desse poder pelo credor pig-

---

[65] CARVALHOSA, loc. cit.
[66] PENTEADO, Mauro Bardawil. **O penhor de ações no direito brasileiro**. São Paulo: Malheiros Editores Ltda, 2008. p.166.

noratício deverá sempre ser realizado com vistas à realização desse fim de garantia, qual seja, conservação do valor econômico do bem dado em segurança. O credor pignoratício deverá, pois, exercer seu poder de consentir com a aprovação da emissão de certos votos pelo devedor não na qualidade de sócio, mas na de credor pignoratício, quer dizer, *apenas enquanto esse poder for necessário para a realização ou conservação do seu direito de garantia* (art. 1.454 do Código Civil). Não é ele obrigado a aceitar qualquer voto do devedor acionista sob a alegação de que referido voto está sendo emitido no melhor interesse da companhia. Contanto que haja justo receio de que a emissão do voto pelo devedor possa influenciar negativamente o valor das ações empenhadas, pode o credor pignoratício, desde que justificadamente, não consentir com a emissão do voto por parte do acionista devedor. Isso se explica por que o credor pignoratício é titular de um poder considerado autônomo e até mesmo diverso do interesse do devedor, pois seu interesse advém exclusivamente da tutela do crédito.[67]

Não obstante, não há nenhum óbice legal e é comum na prática, que devedor e credor acordem vincular o voto também sobre matérias que não necessariamente estejam atreladas à proteção da garantia. Mauro Bardawil Penteado prossegue da seguinte forma:

> Nesse ponto, é relevante observar que, no atual regime societário brasileiro, credor pignoratício e devedor estão autorizados a estipular, sem limitações ou restrições, quais deliberações estarão vinculadas ao consentimento do credor pignoratício. É verdade que, como ensinam Fábio Konder Comparato e Calixto Salomão Filho, "tais deliberações, geralmente, dizem respeito à alienação ou oneração dos bens constantes do ativo social imobilizado". Contudo, continuam os Autores, "nada impede que as partes estipulem várias outras hipóteses de voto vinculado, notadamente, quanto à eleição dos administradores e fiscais, à emissão de empréstimos debenturísticos, ou à mudança do objeto social".[68]

---

[67] PENTEADO, op. cit., p. 172-173.
[68] Ibid., p. 175.

Dessa forma, é possível que o acordo de voto incida sobre matérias de natureza essencialmente relevante para fins concorrenciais.

c) Ações alienadas fiduciariamente

O parágrafo único, do artigo 113, da Lei nº 6.404/76 determina que o credor garantido por alienação fiduciária da ação não poderá exercer o direito de voto, mas que o devedor somente poderá exercê-lo nos termos do contrato correspondente.

Os comentários realizados sobre as ações empenhadas no item anterior também são aplicáveis às ações alienadas fiduciariamente. Em uma breve comparação entre os dois gravames, Marcelo Lamy Rego observa que:

> O credor garantido por alienação fiduciária não pode votar ou determinar o voto do devedor. Pode, no entanto, como no penhor, estabelecer determinadas matérias com relação às quais o devedor não pode votar sem o consentimento do credor. Tais matérias deverão ser, necessariamente, assim como no penhor, de interesse do credor para proteção de seu crédito, não podendo transformar-se em instrumento de controle da sociedade ou em cessão de direito de voto (...). E o devedor, também como no penhor, pode participar das discussões da Assembléia Geral, ainda que tenha contratado a restrição de voto.[69]

Diante de todo o acima exposto, verifica-se que ônus ou gravames sobre participação votante podem ter um impacto direto no âmbito decisório de sociedades e que a análise dos instrumentos legais que os constituem é imprescindível para apurar o alcance desse impacto na nomeação de administradores e em matérias relativas à política comercial das sociedades.

---

[69] REGO, Marcelo Lamy. Titular do direito de voto. In: LAMY FILHO, Alfredo; PEDREIRA, José Luiz Bulhões (Coord.). **Direito das companhias**. Rio de Janeiro: Editora Forense. v. 1, p. 396-397.

2.3 Estrutura organizacional da sociedade

A análise da estrutura organizacional da sociedade para identificar a sistemática de deliberação e representação da mesma é de extrema importância para verificar a relevância e a competência dos acionistas/sócios e membros da administração com relação a matérias concorrencialmente relevantes previstas na legislação societária, no estatuto/contrato social e acordo de acionistas/sócios (se existente), conforme aplicável e abordado nos itens 2.4 a 2.6 abaixo.

Destaca-se que acionistas/sócios podem ter relevância na adoção de políticas comerciais da sociedade tanto de forma direta como indireta. Esta última forma costuma ocorrer por meio de administradores, dependendo do processo de seleção, destituição e atuação destes (vide itens 2.4.4 e 2.4.5 abaixo). É uma análise que requer cautela e que não pode limitar-se meramente à possibilidade de nomeação de administradores considerando que estes, uma vez eleitos, nem sempre têm o poder de adotar as decisões comerciais que julgarem oportunas isoladamente em virtude da hierarquia deliberativa estabelecida dentro da estrutura organizacional da sociedade.

2.4. Matérias de competência de acionistas/sócios

A legislação societária estabelece quorum específico para determinadas matérias de competência de acionistas/sócios que podem ter impactos diretos e indiretos na atuação da sociedade no mercado.

Deve-se analisar, portanto, a relação entre a composição acionária/societária da sociedade e referidos quoruns de deliberação na legislação societária aplicável para identificar quais acionistas/sócios seriam capazes de decidir, impedir ou influenciar a adoção de políticas comerciais. Por exemplo:

2.4.1 Fusão, cisão e incorporação de sociedades

Operações de fusão, cisão e incorporação entre sociedades são frequentemente utilizadas como parte de estratégias comerciais.

A realização dessas operações está sujeita à aprovação dos acionistas/sócios, conforme segue:

(i) no caso de sociedades limitadas, é necessária a aprovação dos sócios representando, no mínimo, três quartos do capital social para as operações de incorporação e fusão (artigo 1.076, incisos I e III, do Código Civil); e

(ii) no caso de sociedades por ações, é necessária a aprovação de acionistas que representem metade, no mínimo, das ações com direito a voto, se maior quorum não for exigido pelo estatuto da companhia cujas ações não estejam admitidas à negociação em bolsa ou no mercado de balcão (artigo 136, incisos IV e IX, da Lei nº 6.404/76).

2.4.2 Objeto social

O objeto social previsto no estatuto/contrato social reflete as atividades que a sociedade está autorizada a desempenhar. A alteração do objeto social para incluir ou excluir atividades pode criar impactos direto no mercado ao modificar, ainda que parcialmente, a atuação da sociedade. A alteração de objeto social está sujeita à aprovação dos acionistas/sócios, conforme segue:

(i) no caso de sociedades limitadas, é necessária a aprovação dos sócios representando, no mínimo, três quartos do capital social (artigo 1.076, inciso I, do Código Civil); e

(ii) no caso de sociedades por ações, é necessária a aprovação de acionistas que representem metade, no mínimo, das ações com direito a voto, se maior quorum não for exigido pelo estatuto da companhia cujas ações não estejam admitidas à negociação em bolsa ou no mercado de balcão (artigo 136, inciso VI, da Lei nº 6.404/76).

2.4.3 Dissolução

A dissolução de uma sociedade pode representar, a efeitos concorrenciais, a retirada de um concorrente do mercado. A dissolução voluntária de uma sociedade está sujeita à aprovação dos acionistas/sócios, conforme segue:

(i) no caso de sociedades limitadas, é necessária a aprovação dos sócios representando, no mínimo, três quartos do capital social (artigo 1.076, inciso I, do Código Civil); e

(ii) no caso de sociedades por ações, é necessária a aprovação de acionistas que representem metade, no mínimo, das ações com direito a voto, se maior quorum não for exigido pelo estatuto da companhia cujas ações não estejam admitidas à negociação em bolsa ou no mercado de balcão (artigo 136, inciso X, da Lei nº 6.404/76).

2.4.4 Nomeação de administradores

A nomeação de administradores (diretores e membros do conselho de administração, conforme aplicável) é relevante sob o ponto de vista concorrencial na medida em que determinados acionistas/sócios podem inserir pessoas que ajam em seus interesses na gestão da sociedade.

É certo que a legislação societária determina uma série de deveres para os administradores, dentre os quais se destacam os deveres de diligência e lealdade para com a sociedade, sendo expressamente vedado aos administradores faltar com esses deveres para defender os interesses daqueles que os elegeram (artigo 141, parágrafo 1º, da Lei nº 6.404/76). Não obstante isso, o direito da concorrência reconhece que, na prática, essa imparcialidade esperada por parte dos administradores nem sempre é realista.

Em um primeiro momento, pode-se pensar de forma ingênua e superficial que os objetivos de uma sociedade sejam sempre os mesmos dos de seus acionistas/sócios. Essa premissa pode ser verdadeira, de fato, quando se trata de acionistas/sócios de um mesmo grupo econômico. No entanto, quando se trata de acionistas/sócios de grupos econômicos distintos, os interesses entre tais acionistas/sócios e entre eles e a sociedade podem ser consideravelmente divergentes, principalmente se forem concorrentes.

Feitas essas observações, a nomeação de administradores de uma sociedade está sujeita à aprovação dos acionistas/sócios, conforme segue:

(i) aprovação unânime dos sócios de uma sociedade limitada, quando o administrador não for sócio e o capital social não estiver integralizado (artigo 1.061 do Código Civil);

(ii) aprovação de, no mínimo, 2/3 dos sócios de uma sociedade limitada, quando o administrador não for sócio e o capital social estiver totalmente integralizado (artigo 1.061 do Código Civil);

(iii) aprovação dos sócios de uma sociedade limitada representando mais da metade do capital social, quando o administrador for eleito em ato separado e não se tratar de uma das hipóteses previstas nos itens (i) e (ii) precedentes (artigo 1.076, inciso II, do Código Civil);

(iv) aprovação de, no mínimo, a maioria dos acionistas de uma sociedade por ações fechada que estejam presentes em assembleia geral para a eleição de diretores, não se computando os votos em branco, desde que não haja conselho de administração instalado (artigo 129 da Lei nº 6.404/76); e

(v) aprovação de, no mínimo, a maioria dos acionistas de uma sociedade por ações aberta ou fechada que estejam presentes em assembleia geral para a eleição dos membros do conselho de administração, não se computando os votos em branco (artigo 129 da Lei nº 6.404/76).

Com relação ao processo de eleição dos membros do conselho de administração, é importante observar que é facultado aos acionistas que representem, no mínimo, um décimo do capital social votante, requerer, independentemente de previsão estatutária, a adoção do processo de voto múltiplo, por meio do qual se atribui a cada ação tantos votos quantos sejam os membros do conselho de administração, podendo o acionista cumular os votos em um único candidato ou distribuí-los entre vários (artigo 141, *caput*, da Lei nº 6.404/76).

A eleição de membros do conselho de administração por voto múltiplo pode apresentar resultados significativamente diversos daquela por voto singular.[70] Como bem destaca Luciano de Souza Leão Jr.:

---

[70] A título ilustrativo, citam-se quatro hipóteses mencionadas por Fabio Ulhoa Coelho para exemplificar a questão: Imagine-se a sociedade anônima em que o capital votante é composto por 1.000.000 de ações, das quais *Antonio* possui 600.000, e *Benedito*, 400.000. Se o conselho de administração tem cinco cargos, e *Benedito* solicita, atendida a antecedência legal, a instalação do processo múltiplo, serão atribuídos a *Antonio* 3.000.000 de votos, e a ele, 2.000.000. Projetem-se, então, diferentes hipóteses de concentração e dispersão desses votos múltiplos:

A função do voto múltiplo é assegurar a representação proporcional dos acionistas no Conselho de Administração. Na votação por chapa cada acionista vota em determinado conjunto de componentes do Conselho e a maioria dos acionistas elege todos os membros do órgão. Na eleição por voto múltiplo cada acionista pode concentrar os votos em um ou mais candidatos, com o resultado prático de tornar possível que um ou mais dos membros do Conselho sejam eleitos pelas minorias. Esse resultado, que é a razão de ser de a lei impor a eleição por voto múltiplo, é sempre alcançado desde que a minoria disponha do número mínimo de votos necessários para eleger ao menos um membro do Conselho e concentre seus votos no mesmo candidato; mas, **dependendo da distribuição dos votos pela maioria e pela minoria, o resultado pode ser surpreendente, inclusive com a eleição pela minoria da maioria dos membros do Conselho, como há exemplos na história das sociedades anônimas no estrangeiro.** A possibilidade, contudo, de os minoritários assumirem o comando do Conselho de Administração por erro da maioria é remota, e a maioria poderá sempre destituir um conselheiro, provocando nova eleição para todo o Conselho.[71] (*negritei*)

Hipótese I, Antonio distribui seus votos em três candidatos, dando 1.000.000 para cada um deles, enquanto Benedito vota em dois nomes, com 1.000.000 em cada. Nesse caso todos são eleitos e a composição do conselho guarda proporção com a participação dos acionistas. II, *Antonio* distribui seus votos em quatro candidatos, 750.000 em cada, ao passo que Benedito distribui os seus em três, ou seja, 666.666 por candidato. O resultado não é inteiramente bom para o minoritário, porque o controlador elegerá quatro conselheiros, o que corresponde, em termos proporcionais, a um número de assentos no conselho superior à sua participação no capital votante. III, *Antonio* e *Benedito* distribuem todos os seus votos igualmente em cinco candidatos. Os de *Antonio* recebem 600.000 cada, e os de *Benedito*, 400.000. Trata-se, evidentemente, de opção ruim para o minoritário, porque, malgrado o voto múltiplo, o controlador conseguiu eleger cinco membros, compondo um conselho homogêneo, integrado exclusivamente por pessoas de sua confiança. IV, Antonio distribui seus votos igualmente entre cinco candidatos, dando a cada um 600.000, enquanto Benedito concentra os seus em apenas três candidatos, que recebem 666.666 votos. Aqui, o minoritário ganha a maioria do conselho de administração. In: COELHO, op. cit., p. 220.

[71] LEÃO JR., Luciano de Souza. Eleição por voto múltiplo. In: LAMY FILHO, Alfredo; PEDREIRA, José Luiz Bulhões (Coord.). **Direito das companhias**. Rio de Janeiro: Editora Forense. Vol. 1, p. 1045-1046.

Ademais, no âmbito de sociedades por ações abertas, deve-se atentar também que é permitido eleger um membro do conselho de administração, em votação em separado na assembleia geral, excluído o acionista controlador (este definido segundo os preceitos societários), pela maioria dos titulares, respectivamente, de (artigo 141, parágrafo 4º, da Lei nº 6.404/76):

(v.1) ações com direito a voto que representem, no mínimo, 15% do total das ações com direito a voto; e

(v.2.) ações preferenciais sem direito a voto ou com voto restrito que representem, no mínimo, 10% do capital social, que não houverem exercido direito previsto no estatuto.

Caso não sejam atingidos os quoruns previstos nos itens (v.1) e (v.2), os titulares de ações com direito a voto e os titulares de ações preferenciais poderão eleger membro do conselho de administração em separado se, em conjunto, representarem 10% do capital social da sociedade (artigo 141, parágrafo 5º, da Lei nº 6.404/76).

Por fim, cumpre notar que, se houver nas sociedades por ações abertas, de forma cumulativa, (i) a eleição de membros do conselho de administração pelo sistema de voto múltiplo e (ii) a eleição de membro do conselho de administração em separado, será assegurado ao acionista ou grupo de acionistas que detenham mais do que 50% das ações com direito a voto de eleger conselheiros em número igual ao dos eleitos pelos demais acionistas, mais um, independentemente do número de conselheiros que, segundo o estatuto, componha o órgão (artigo 141, parágrafo 7º, da Lei nº 6.404/76).

2.4.5 Destituição de administradores

A destituição de administradores é importante sob o ponto de vista concorrencial na medida em que pode alterar, ainda que parcialmente, o perfil de gestão da sociedade e sua consequente atuação no mercado.

A destituição de administradores está sujeita à aprovação dos acionistas/sócios, conforme segue:

(i) aprovação dos sócios representando, no mínimo, 2/3 do capital social, quando se tratar de sócio administrador nomeado no contrato, salvo disposição contratual diversa (artigo 1.063 do Código Civil);

(ii) aprovação dos sócios representando mais da metade do capital social, quando não se tratar da hipótese prevista no item (i) acima (artigo 1.076, inciso II, do Código Civil);

(iii) aprovação de, no mínimo, a maioria dos acionistas de uma sociedade por ações fechada que estejam presentes em assembleia geral para a destituição de diretores, não se computando os votos em branco, desde que não haja conselho de administração instalado (artigo 129 da Lei nº 6.404/76); e

(iv) aprovação de, no mínimo, a maioria dos acionistas de uma sociedade por ações aberta ou fechada que estejam presentes em assembleia geral para a destituição dos membros do conselho de administração, não se computando os votos em branco (artigo 129 da Lei nº 6.404/76).

No caso de conselho de administração composto pelo sistema de voto múltiplo, cumpre observar que a destituição de qualquer membro importará a destituição dos demais, procedendo-se à nova eleição (artigo 141, parágrafo 3º, da Lei nº 6.404/76).

Por fim, no âmbito de sociedades por ações abertas, deve-se atentar também que é permitido destituir um membro do conselho de administração, em votação em separado na assembleia geral, excluído o acionista controlador (este definido segundo os preceitos societários), observados os mesmos quoruns previstos nos itens 2.4.4 (v.1) e (v.2) acima.

2.4.6 Transformação do tipo jurídico da sociedade

Como se pode verificar nos itens 2.4.1 a 2.4.5 acima, algumas matérias de competência dos acionistas/sócios estão sujeitas a quórum distinto conforme se trate de uma sociedade limitada ou de uma sociedade por ações.

Consequentemente, a transformação do tipo jurídico de uma sociedade limitada para uma sociedade por ações ou vice-versa pode acarretar alteração na estrutura decisória da sociedade em questão, dependendo das características de concentração de capital, dentre outros fatores aplicáveis ao caso concreto.

2.5 Matérias de competência do conselho de administração

O artigo 142 da Lei nº 6.404/76 estabelece como competência do conselho de administração, dentre outras atividades, as seguintes:

(i) fixação da orientação geral dos negócios;

(ii) eleição, destituição e fixação das atribuições dos diretores;

(iii) fiscalização da gestão dos diretores;

(iv) manifestação prévia sobre atos e contratos, conforme exigido pelo estatuto; e

(v) autorização, salvo previsão estatutária em contrário, para a alienação de bens do ativo não circulante, a constituição de ônus reais e a prestação de garantias a obrigações de terceiros.

As matérias sujeitas à aprovação dos membros do conselho de administração devem ser aprovadas, como regra geral, pela maioria de votos. No entanto, o estatuto social poderá determinar quorum maior para matérias específicas (artigo 140, inciso IV, da Lei nº 6.404/76).

2.6 Disposições estatutárias e/ou contratuais

Conforme visto nos itens anteriores, em certas matérias expressamente previstas pela legislação societária, é possível que o estatuto/contrato social e/ou acordo de acionistas/sócios estabeleça um quorum de deliberação diverso.

Além disso, o estatuto/contrato social e/ou o acordo de acionistas/sócios da sociedade costumam conter disposições específicas para a adoção de atos e políticas de caráter comercial e negocial não envolvendo, necessariamente, matérias previstas na legislação societária, mas relevantes concorrencialmente. Por exemplo, aquisição de participação acionária/societária em outras sociedades, deliberação na qualidade de acionistas/sócios de outras sociedades, temas relativos a propriedade intelectual, celebração de contratos comerciais e contratação de pessoal, dentre muitos outros.

Geralmente, essas disposições específicas condicionam a adoção de atos e políticas de caráter comercial e negocial à aprovação (i) dos acionistas/sócios representando determinada porcentagem do capital social; (ii) de determinados acionistas/sócios que, se não estiverem de acordo, podem exercer seu direito de veto; e/ou (iii) de um determinado número de membros do conselho de administração.

Portanto, deve-se analisar atentamente as disposições constantes do estatuto/contrato social e/ou acordo de acionistas/sócios para verificar a estrutura de adoção de políticas comerciais na sociedade além ou aquém do quorum mínimo legal, quando aplicável e, em particular, a relevância dos acionistas/sócios e administradores na determinação, impedimento ou influência dessas políticas.

3. CONTROLE SOCIETÁRIO A EFEITOS CONCORRENCIAIS

3.1 Considerações gerais

Conforme visto nos Capítulos anteriores, a concepção concorrencial de controle requer não só a análise do que se entenderia por "controle" em si, mas também do que se deveria entender por "influência relevante" e por participações "acionárias/societárias passivas".

Por essa razão, este Capítulo analisará em detalhes cada uma dessas figuras, dedicando os itens 3.2 a 3.4 ao estudo dos principais tipos de controle (único e compartilhado) a efeitos concorrenciais e o item 3.5 ao estudo do conceito de influência relevante e do fenômeno de participações acionárias/societárias passivas.

Tem-se por objetivo extrair os principais elementos que caracterizariam o controle de sociedades a efeitos concorrenciais, distinguindo-os (na medida do possível) das demais figuras mencionadas acima, bem como apurando posicionamentos consolidados e em desenvolvimento do CADE sobre a matéria.

3.2 Controle concorrencial único

O controle concorrencial único verifica-se quando um único acionista/sócio (considerado o grupo a que pertence) possui o poder de decidir a totalidade, ou parte preponderante, da atuação comercial da sociedade no mercado.

Para fins de classificação, o controle concorrencial único pode ser dividido em dois tipos: (i) majoritário e (ii) minoritário. Os itens 3.2.1 e 3.2.2 abaixo abordarão, respectivamente, as particularidades de cada tipo.

Além disso, os itens 3.2.3 e 3.2.4 tratarão, respectivamente, de dois temas que costumam suscitar questionamentos tanto ao controle concorrencial único majoritário como ao minoritário: (i) a aquisição de participações acionárias/societárias por controlador e (ii) operações realizadas dentro de um mesmo grupo econômico.

3.2.1 Controle concorrencial único majoritário

O controle concorrencial único associado à participação majoritária com direito de voto em porcentagem igual ou superior ao quorum estabelecido na legislação societária para a adoção da maioria das deliberações sociais é, na ausência de outros fatores, a forma mais tradicional de configuração de controle a efeitos concorrenciais. Propõe-se, nesta monografia, denominá-lo "controle concorrencial único majoritário".

Parte-se do pressuposto de que o acionista/sócio, ao deter participação majoritária com direito de voto (por exemplo, 75% do capital social de uma sociedade limitada ou mais de 25% do capital social votante de uma sociedade por ações), possui o poder de adotar a maioria das decisões na sociedade, inclusive as de caráter comercial, independentemente da vontade dos demais acionistas ou sócios, conforme se pode confrontar com o disposto no Capítulo 2, item 2.4.

A Lei nº 12.529/11 não trouxe inovações com relação à Lei nº 8.884/94 para a caracterização desse tipo de controle. Em termos conceituais, não era mesmo para se esperar nenhum tipo de alteração. Como visto, trata-se da concepção clássica de controle acionário/societário. Em termos práticos, entretanto, há algumas situações provenientes da lei anterior, como aquelas abordadas nos itens 3.2.3 e 3.2.4 abaixo, que tendem a continuar gerando incertezas quanto à obrigatoriedade de notificação ao CADE mesmo com a nova lei.

A título meramente ilustrativo, os resultados finais mais frequentes de operações societárias nos quais se constata a alteração de controle concorrencial único majoritário são:[72]

---

[72] Os exemplos mencionados nas próximas notas de rodapé indicarão, a título meramente ilustrativo, alguns atos de concentração submetidos ao CADE. As operações objeto desses

a) transferência da totalidade das ações/quotas emitidas por uma sociedade a um terceiro;[73]

b) transferência da participação acionária/societária de acionista/sócio que compartilhava o controle da sociedade a outro acionista/sócio co-controlador, pertencente a um grupo distinto, o qual passa a deter o controle integral da sociedade;[74]

c) transferência de parte da participação acionária/societária do acionista/sócio majoritário a um terceiro pertencente a um grupo dis-

---

atos de concentração poderão não ter sido necessariamente consumadas em virtude de certas condicionantes quando das suas respectivas submissões ao CADE, tais como, mas sem constituir limitação, autorizações por parte de outras autoridades governamentais e cumprimento de cláusulas contratuais.

[73] Como exemplo, cita-se o Caso Automação. O capital social da Sistemas de Automoção Ltda. era detido por diversas pessoas físicas. Por meio de contrato de compra e venda, a Siemens Industry Software Ltda., pertencente ao grupo Siemens, adquiriu a totalidade das quotas detidas pelas pessoas físicas na Sistemas de Automoção Ltda. Em virtude da operação, a Sistemas de Automoção Ltda. passou a ser integralmente controlada pelo grupo Siemens. Para maiores informações, vide: BRASIL. Conselho Administrativo de Defesa Econômica. Ato de concentração n. 08012.009725/2011-05, Rel. Ricardo Machado Ruiz, 25 de novembro de 2011. Disponível em: <http://www.cade.gov.br/Default.aspx? a8889b6caa60b241d345d069fc>. Acesso em: 31. Mai. 2013.

[74] Como exemplo, cita-se o Caso Tropical. O capital social da Tropical Bioenergia S.A. era detido 50% por BP Biofuels UK Ltd., pertencente ao grupo BP; 25% por LDC-SEV Bioenergia S.A., pertencente a um grupo francês; e 25% por Maeda S.A. Agroindustrial, pertencente a um grupo brasileiro. Embora a BP Biofuels UK Ltd. detivesse 50% do capital social da Tropical Bionergia S.A., a LDC-SEV Bioenergia S.A. e a Maeda S.A. Agroindustrial tinham direito de eleger membros do conselho de administração, sendo que as deliberações desse órgão estavam sujeitas à unanimidade dos conselheiros. Portanto, a BP Biofuels UK Ltd. não tinha poderes suficientes, com relação a certas matérias, de adotar decisões de forma isolada. O CADE considerou que havia controle compartilhado entre os acionistas e respectivos grupos. Por meio de contrato de compra e venda de ações, a Platina Bioenergia Ltda., pertencente ao grupo BP, adquiriu a totalidade da participação acionária da LDC-SEV Bioenergia S.A. e da Maeda S.A., as quais se retiraram da sociedade. Em virtude da operação, a Tropical Bioenergia S.A. passou a ser controlada integralmente pelo grupo BP por meio da BP Biofuels UK Ltd. e da Platina Bioenergia Ltda, ambas detentoras de ações representativas de 50% do capital social da sociedade. Para maiores informações, vide:BRASIL. Conselho Administrativo de Defesa Econômica. Ato de concentração n. 08012.009729/2011-85, Rel. Elvino de Carvalho Mendonça, 11 de novembro de 2011. Disponível em: <http://www.cade.gov.br/Default. aspx ?a8889b6caa60b241d345d069fc>. Acesso em: 31 mai. 2013.

tinto, passando este a ser o acionista/sócio majoritário controlador e aquele acionista/sócio minoritário;[75] e

d) aumento do capital social de uma sociedade, não subscrito pelo então acionista/sócio majoritário, o qual passa à condição de minoritário, pertencendo o novo acionista/sócio majoritário a um grupo distinto.[76]

3.2.2 Controle concorrencial único minoritário

A associação de controle concorrencial único à participação acionária/societária majoritária não pode ser feita em caráter absoluto. Há casos em que o controle concorrencial único é, em virtude das características

---

[75] Como exemplo, cita-se o Caso AngraPorto. A FCA Participações S.A., pertencente ao grupo brasileiro Planeta, detinha 99,99% do capital social da FCA Angraporto S.A., sendo a acionista majoritária dessa sociedade. Por meio de contrato de compra e venda de ações, a FCA Participações S.A. vendeu parte da sua participação à Technip Maritime do Brasil Ltda., pertencente ao grupo francês Technip. Em virtude dessa operação, a Technip Maritime do Brasil Ltda. passou a ser a acionista controladora da FCA Participações S.A. com ações representativas de 70% do capital social desta e a FCA Participações S.A., a sócia minoritária, com ações representativas de apenas 30% do capital social. Para maiores informações, vide: BRASIL. Conselho Administrativo de Defesa Econômica. Ato de concentração n. 08012.001607/2009-26, Rel. Olavo Zago Chinaglia, 5 de maio de 2009. Disponível em: <http://www.cade.gov.br/Default.aspx?a8889b 6caa60b241d345d069fc>. Acesso em 31 mai. 2013.

[76] Como exemplo, cita-se o Caso Casa & Video. O capital social da Casa & Video Holding S.A. era detido pela Casa & Video Fundo de Investimento em Participações, acionista majoritário controlador pertencente ao grupo brasileiro Casa & Video, e por um acionista minoritário pessoa física. Por meio de acordo de investimento, a Casa &Video Holding S.A. realizou um aumento de capital social que foi subscrito pela Kohav Participações S.A., pertencente a nenhum grupo econômico. Em virtude da operação: (a) a Kohav Participações S.A. passou a ser a acionista majoritária controladora da Casa & Video Holding S.A. com ações representativas de 50,1% do capital social desta; (b) a Casa & Video Fundo de Investimento manteve o mesmo número de quotas, mas teve sua participação diluída e, consequentemente, deixou de ser a acionista majoritária controladora e passou a ser acionista minoritária da Casa & Video Holding S.A.; e (c) o sócio pessoa física manteve o mesmo número de ações, mas também teve sua participação diluída e permaneceu sendo acionista minoritário da Casa &Video Holding S.A. Para maiores informações, vide: BRASIL. Conselho Administrativo de Defesa Econômica. Ato de concentração n. 08012.009852/2011-04, Rel. Marcos Paulo Verissimo, 16 de março de 2012. Disponível em: <http://www.cade.gov.br/Default.aspx? a8889b6caa60b-241d345d069fc>. Acesso em 31 mai. 2013.

societárias de uma sociedade, atribuído a um acionista/sócio detentor de (i) participação minoritária, independentemente da concentração do capital social, ou (ii) participação majoritária que, em um contexto de capital pulverizado e na ausência de outros elementos, seria insuficiente para a adoção de qualquer decisão social de forma isolada (participação majoritária irrisória).

Propõe-se, nesta monografia, denominar esse controle dissociado de participação majoritária com direito de voto em porcentagem igual ou superior ao quorum estabelecido na legislação societária para a adoção da maioria das deliberações sociais de "controle concorrencial único minoritário".

A configuração de controle concorrencial único minoritário constitui um dos maiores desafios no sistema preventivo e depende da análise cautelosa dos elementos indicados no Capítulo 2.

Embora, conforme já dito anteriormente, a maioria dos julgados do CADE não expõe de forma detalhada os critérios de configuração do controle concorrencial único minoritário, este tipo de controle é geralmente identificado nas seguintes situações:

a) o estatuto/contrato social e/ou acordo de acionistas/sócios concede ao acionista/sócio detentor de participação minoritária ou majoritária irrisória (i) direitos de veto ou de decidir sobre aspectos determinantes relacionados à política comercial da sociedade e/ou (ii) direito de nomear e destituir determinado número de administradores da sociedade de forma que tais administradores, dentro da estrutura organizacional da sociedade, sejam capazes de fazer prevalecer suas vontades sobre matérias relacionadas à política comercial da sociedade. Neste sentido, vale reprisar a ilustração de Arthur Badin:

> O Plenário do CADE já fez menções a respeito da noção de influência dominante na condução e no planejamento dos negócios da empresa, tendo constantemente destacado quatro como **áreas consideradas estratégicas para permitir o controle sobre o planejamento empresarial**, são elas: **pesquisa e desenvolvimento, investimento, produção e vendas**. Desse modo um **acordo de acionistas que atribua ao acionista minoritário direito de** não

apenas deliberar, mas sim de **tomar decisões sobre essas áreas ou, então, direito de escolher ou destituir a maioria dos diretores por elas responsáveis**. Estas duas hipóteses dão conta de uma influência dominante do ponto de vista concorrencial, **influência direta e determinante, de escolher de fato os responsáveis pelas quatro áreas mencionadas**.[77] (*negritei*)

b) em sociedades de capital pulverizado, verifica-se nas atas das assembleias de acionistas/sócios anteriores que determinado acionista/sócio detentor de participação minoritária ou majoritária irrisória é, em virtude do não comparecimento de parte dos acionistas/sócios, capaz de adotar a maioria das deliberações sociais da sociedade.[78]

c) verifica-se nas atas das assembleias de acionistas/sócios anteriores que determinado acionista/sócio é, apesar de ser detentor de participação minoritária ou majoritária irrisória, capaz de adotar a

---

[77] BRASIL. Conselho Administrativo de Defesa Econômica. Ato de concentração n. 08012.010455/2008-71, loc. cit.

[78] De acordo com o parágrafo 59 da Comunicação Consolidada da Comissão Europeia em Matéria Concorrencial, os seguintes fatores são geralmente analisados para apurar a capacidade de um sócio minoritário adotar a maioria das deliberações sociais em assembleias gerais: alterações previsíveis na presença de acionistas em assembleias gerais, posição de cada acionista e suas respectivas funções e interesses, dispersão acionária, dependência econômica, estrutural ou familiar entre os acionistas e histórico das deliberações, dentre outros. Na íntegra: "A minority shareholder may also be deemed to have sole control on a de facto basis. This is in particular the case where the shareholder is highly likely to achieve a majority at the shareholders' meetings, given the level of its shareholding and the evidence resulting from the presence of shareholders in the shareholders' meetings in previous years. Based on the past voting pattern, the Commission will carry out a prospective analysis and take into account foreseeable changes of the shareholders' presence which might arise in future following the operation. The Commission will further analyse the position of other shareholders and assess their role. Criteria for such an assessment are in particular whether the remaining shareholders are widely dispersed, whether other important shareholders have structural, economic or family links with the large minority shareholder or whether other shareholders have a strategic or a purely financial interest in the target company ; these criteria will be assessed on a case-by-case basis. Where, on the basis of its shareholding, the historic voting pattern at the shareholders' meeting and the position of other shareholders, a minority shareholder is likely to have a stable majority of the votes at the shareholders' meeting, then that large minority shareholder is taken to have sole control."

maioria das deliberações sociais da sociedade por possuir poderes de representação conferidos por outros acionistas/sócios.

Com relação aos exemplos mencionados acima, é importante ter em mente que o controle concorrencial único minoritário configura-se tão somente quando as disposições contratuais/estatutárias (como no item (a) acima) ou a realidade fática (como nos itens (b) e (c) acima) permitem ao acionista/sócio a possibilidade de determinar parte preponderante da política comercial da sociedade. Caso contrário, não há a configuração de controle concorrencial único minoritário, mas talvez a caracterização de controle compartilhado ou influência relevante de tal acionista/sócio sobre a sociedade, conforme abordado nos itens 3.3 e 3.5, respectivamente. Não obstante, em virtude da especificidade de cada operação e da linha tênue entre um tipo e outro de controle ou influência relevante, essa diferenciação parece ser ainda muito sensível ao CADE. Seus julgados não costumam entrar no mérito dessa diferenciação e, quando o fazem, não necessariamente refletem uma posição consolidada sobre o tema.

3.2.3 Aquisição de participação acionária/societária por controlador

Operações de aquisição de participação acionária/societária por quem já é controlador único costumam suscitar incertezas quanto à obrigatoriedade de notificação ao CADE.

A pergunta mais frequente nessas situações é: "se a operação não acarreta a alteração do controlador da sociedade, mas apenas o aumento da participação acionária/societária daquele que já controlava a sociedade, em quais circunstâncias poderá criar preocupações sob o ponto de vista concorrencial e se tornar de subsunção obrigatória?"

Para responder essa pergunta, o Plenário do CADE julgou oportuno tratar do tema por meio de uma súmula para uniformizar a jurisprudência do CADE a respeito e garantir maior segurança jurídica aos administrados. Daí, foi aprovada por unanimidade a Súmula CADE nº 02/2007, *in verbis*:

> A aquisição de participação minoritária sobre capital votante pelo sócio que já detenha participação majoritária não configura ato de notificação obrigatória (art. 54 da Lei n. 8.884/94) se concorrerem as seguintes circunstâncias: (i) o vendedor não detinha poderes

decorrentes de lei, estatuto ou contrato de (i.a) indicar administrador, (i.b) determinar política comercial ou (i.c) vetar qualquer matéria social e (ii) do(s) ato(s) jurídico(s) não constem cláusulas (ii.a) de não-concorrência com prazo superior a cinco anos e/ou abrangência territorial superior à de efetiva atuação da sociedade objeto e (ii.b) de que decorra qualquer tipo de poder de controle entre as partes após a operação.

Como se pode notar, a Súmula CADE nº 02/2012 não abordou o tema de aquisição de participação acionária/societária, seja ela minoritária ou majoritária, por controlador único minoritário. A Súmula CADE nº 02/2012 tratou, de forma expressa, somente das seguintes situações: (i) aquisição de participação minoritária por acionista/sócio detentor de participação majoritária sem ser o controlador da sociedade; e (ii) a aquisição de participação minoritária pelo controlador que também é o detentor da participação majoritária.

Nas situações expressamente previstas pela Súmula CADE nº 02/2007, o Plenário do CADE estabeleceu as circunstâncias comumente consideradas nos julgados anteriores do CADE como indícios de uma possível alteração de controle ou influência relevante para uniformizar o entendimento de que, na ausência delas, a aquisição de minoritário por majoritário não seria de notificação obrigatória ao CADE.

Para a elaboração da Súmula CADE nº 02/2007, o Plenário do CADE expressamente indicou como referência os seguintes atos de concentração:

(i) Caso NEC - Ato de Concentração nº 08012.005932/2003-72[79]

O capital social da Nec do Brasil S.A. era detido 99,98% por sociedades pertencentes ao grupo controlador NEC e 0,03% por sociedades pertencentes ao grupo Mitsui.

---

[79] BRASIL. Conselho Administrativo de Defesa Econômica. Ato de concentração n. 08012.005932/2003-72, Rel. Cleveland Prates Teixeira, 28 de novembro de 2003. Disponível em: <http://www.cade.gov.br/ Default.aspx? a8889b6caa60b241d345d069fc>. Acesso em 31 mai. 2013.

As sociedades pertencentes ao Grupo Mitsui retiraram-se da Nec do Brasil S.A., transferindo suas respectivas participações (no total, 0,03%) ao grupo NEC, que passou a deter a totalidade do capital social da Nec do Brasil S.A.

Os conselheiros que analisaram o ato de concentração à época entenderam que, como o controle sobre a Nec do Brasil S.A. permaneceu inalterado, a operação não se tratava de hipótese de subsunção obrigatória ao CADE e decidiram, por unanimidade, não conhecê-la. De acordo com o voto do conselheiro-relator Cleveland Plates Teixeira:

> Conforme visto no Relatório, trata-se da operação de transferência pelas empresas Mitsui do restante das ações que possuem na Nec do Brasil S/A (NDB) para o grupo NEC. De fato, esse tipo de operação configura-se numa **reestruturação societária** dentro de um mesmo grupo econômico em que não se verifica alteração do controle das decisões mercadologicamente relevantes. Em outras palavras, **não houve alteração dos focos de influência dominante** ou relevante, **não havendo**, portanto, **como ocorrer qualquer tipo de alteração nas condições de concorrência**. Nesse sentido, firmo meu convencimento de que reestruturações societárias dentro de um mesmo grupo, sem entrada ou saída de nenhum agente econômico, sem mudança de controle acionário e, conseqüentemente, sem a possibilidade de alteração nas decisões mercadologicamente relevantes, não necessitam ser apresentadas ao CADE.[80] (*negritei*)

(ii) Caso Telepar - Ato de Concentração nº 53500.006612/2002[81]

A operação consiste na incorporação das ações da Telesc Celular S.A. e da CTMR Celular S.A., pertencentes ao grupo Telecom Itália, pela Telepar Celular S.A., também pertencente ao grupo Telecom Itália, por meio da

---

[80] BRASIL. Conselho Administrativo de Defesa Econômica. Ato de concentração n. 08012.005932/2003-72, op. cit., Voto do conselheiro-relator.

[81] BRASIL. Conselho Administrativo de Defesa Econômica. Ato de concentração n. 53500.006612/2002, Rel. Fernando de Oliveira Marques, 29 de março de 2004. Disponível em: <http://www.cade.gov.br/ Default.aspx? a8889b6caa60b241d345d069fc>. Acesso em 31 mai. 2013.

qual a Telesc Celular S.A. e a CTMR Celular S.A. tornar-se-iam subsidiárias integrais da Telepar Celular S.A.

Os conselheiros que analisaram o ato de concentração à época entenderam que a operação não se tratava de hipótese de subsunção obrigatória ao CADE e decidiram, por maioria, não conhecê-la. De acordo com o voto do conselheiro-relator Fenando de Oliveira Marques, "reorganizações societárias não podem ser consideradas concentrações econômicas na medida em que **não integram centros decisórios** e, assim, não tem obrigação legal de submissão ao crivo dos órgãos regulatórios e antitruste (...)".[82] (*negritei*)

(iii) Caso JIT - Ato de Concentração nº 08012.003096/2003-91[83]

O capital social da JIT Sistemas e Equipamentos de Logísticas S.A. era detido 53,53% pela controladora TDS do Brasil, pertencente ao grupo TDS, e 46,47% por pessoas físicas.

Nos termos do contrato de compra e venda de ações e outras avenças, as pessoas físicas retiram-se da JIT Sistemas e Equipamentos de Logísticas S.A., transferindo a totalidade de suas ações à TDS do Brasil.

Os conselheiros que analisaram o ato de concentração à época entenderam que, como o controle sobre a JIT Sistemas e Equipamentos de Logísticas S.A. permaneceu inalterado, a operação não se tratava de hipótese de subsunção obrigatória ao CADE e decidiram, por unanimidade, não conhecê-la. De acordo com o voto do conselheiro-relator Miguel Tebar Barrionuevo:

> Nos termos da descrição da operação acima mencionada podemos verificar que estamos diante de um caso evidente de **reestruturação societária**, uma vez tratar-se de negócio ocorrido dentro de um mesmo grupo econômico sem qualquer alteração de con-

---

[82] BRASIL. Conselho Administrativo de Defesa Econômica. Ato de concentração n. 53500.006612/2002, op. cit., Aditamento ao voto do conselheiro-relator.

[83] BRASIL. Conselho Administrativo de Defesa Econômica. Ato de concentração n. 08012.003096/2003-91. Rel. Miguel Tebar Barrionuevo. 21 de janeiro de 2004. Disponível em: <http://www.cade.gov.br/ Default.aspx? a8889b6caa60b241d345d069fc>. Acesso em 31 mai. 2013.

trole, visto que a **TDS BRASIL já possuía o controle da JIT antes mesmo do advento da operação**.[84] *(negritei)*

(iv) Caso Body Sistems - Ato de Concentração nº 08012.007497/2003-11[85]

O capital social da Body Systems do Brasil Ltda. era detido 69,3% pela controladora Ford Motor Company Brasil Ltda., pertencente ao grupo Ford, 2,9% pela Polynorm N.V., pertencente ao grupo Voestalpine, e 27,8% pela Body Systems International B.V., pertencente ao grupos Voestalpine e Stadco.

Nos termos dos contratos de compra e venda de quotas, a Ford Motor Company Brasil Ltda. adquiriu a totalidade das quotas de propriedade da Polynorm N.V. e da Body Systems International B.V. e cedeu uma quota à Ford Comércio e Serviços Ltda.

Em virtude da operação acima, o capital social da Body Systems do Brasil Ltda. passou a ser detido 99,99% pela Ford Motor Company Brasil Ltda. e 0,01% pela Ford Comércio e Serviços Ltda., ambas pertencentes ao grupo Ford.

Os conselheiros que analisaram o ato de concentração à época entenderam que, como o controle sobre a Body Systems do Brasil Ltda. permaneceu inalterado, a operação não se tratava de hipótese de subsunção obrigatória ao CADE e decidiram, por maioria, não conhecê-la. De acordo com o voto do conselheiro-relator Fernando de Oliveira Marques, tratava-se de "hipótese de reestruturação societária por meio da qual a Ford **consolidará a sua participação** na BSB que **não alterará o controle** da mesma".[86] *(negritei)*

---

[84] BRASIL. Conselho Administrativo de Defesa Econômica. Ato de concentração n. 08012.003096/2003-91, op. cit., Voto do conselheiro-relator.
[85] BRASIL. Conselho Administrativo de Defesa Econômica. Ato de concentração n. 08012.007497/2003-11, Rel. Fernando de Oliveira Marques, 3 de maio de 2004. Disponível em: <http://www.cade.gov.br/ Default.aspx? a8889b6caa60b241d345d069fc>. Acesso em 31 mai. 2013.
[86] BRASIL. Conselho Administrativo de Defesa Econômica. Ato de concentração n. 08012.007497/2003-11, op.cit., Voto do conselheiro-relator.

(v) Caso CIE - Ato de Concentração nº 08012.000383/2004-21[87]

O capital social da CIE Autometal S.A. era integralmente detido pela CIE Berriz S.L., pertencente ao grupo CIE Automotive.

A CIE Inversiones Inmuebles, S.L., também pertencente ao grupo CIE Automotive, adquiriu a totalidade de ações emitidas pela CIE Autometal de propriedade da CIE Berriz S.L.

Os conselheiros que analisaram o ato de concentração à época entenderam que, como o controle sobre a CIE Autometal S.A. permaneceu inalterado, a operação não se tratava de hipótese de subsunção obrigatória ao CADE e decidiram, por unanimidade, não conhecê-la. De acordo com o voto do conselheiro-relator Cleveland Prates Teixeira:

> Analisando a estrutura societária das empresas envolvidas na operação, percebe-se que tanto a CIE Inversiones quanto a CIE Berriz pertencem ao Grupo CIE Automotive. Pode-se dizer, então, que a operação apresentada constitui uma **reorganização societária** ocorrida dentro de um **mesmo grupo econômico, sem alteração dos focos de influência dominante e/ou relevante**. Dessa maneira, entendo que a aquisição notificada **não altera** a forma como a firma adquirida atuava no **mercado** e, portanto, **não afeta as condições de concorrência** existentes no mercado de componentes automotivos.[88] (*negritei*)

---

[87] BRASIL. Conselho Administrativo de Defesa Econômica. Ato de concentração n. 08012.000383/2004-21, Rel. Cleveland Prates Teixeira. 4 de junho de 2004. Disponível em: <http://www.cade.gov.br/ Default.aspx? a8889b6caa60b241d345d069fc>. Acesso em 31 mai. 2013.

[88] BRASIL. Conselho Administrativo de Defesa Econômica. Ato de concentração n. 08012.000383/2004-21, op. cit., Voto do conselheiro-relator.

(vi) Caso Krone - Ato de Concentração nº 08012.002992/2004-14[89]

A operação consiste na aquisição da Krone Digital Communications Inc. e Krone International Holding Inc., as quais eram totalmente detidas por empresas pertencentes ao grupo Gen Tek, pela ADC Telecommunications, Inc., pertencente ao grupo ADC.

Os conselheiros que analisaram o ato de concentração à época verificaram que a operação não preenchia os requisitos de faturamento e participação no mercado em vigor e decidiram, por unanimidade, não conhecê-la.

(vii) Caso Milenia - Ato de Concentração nº 08012.011220/2005-54[90]

A operação foi realizada por duas sociedades pertencentes ao grupo Makhteshim-Agan, por meio da qual a MAB Participações S.A. incorporou sua controlada Milênia Agro Ciência S.A.

Os conselheiros que analisaram o ato de concentração à época entenderam que a operação não se tratava de hipótese de subsunção obrigatória ao CADE e decidiram, por unanimidade, não conhecê-la. De acordo com o voto do ex-conselheiro Paulo Furquim de Azevedo:

> Trata-se, assim, de **mera reestruturação societária**, ocorrida nos limites **do Grupo** Makhteshim-Agan. (...) Uma vez que **não se constata qualquer aumento no grau de concentração ou mesmo mudança de controle decorrente da operação em pauta**, não há que se falar em necessidade de sua subsunção.[91] (*negritei*)

---

[89] BRASIL. Conselho Administrativo de Defesa Econômica. Ato de concentração n. 08012.002992/2004-14, Rel. Roberto Augustos Castellanos Pfeiffer, 24 de fevereiro de 2005. Disponível em: <http://www.cade.gov.br/ Default.aspx? a8889b6caa60b241d345d069fc>. Acesso em 31 mai. 2013.

[90] BRASIL. Conselho Administrativo de Defesa Econômica. Ato de concentração n. 08012.011220/2005-54, Rel. Paulo Furquim de Azevedo, 6 de abril de 2006. Disponível em: <http://www.cade.gov.br/ Default.aspx? a8889b6caa60b241d345d069fc>. Acesso em 31 mai. 2013.

[91] Ibid., Voto do conselheiro-relator.

(viii) Caso CCR - Ato de Concentração nº 08012.000321/2006-81[92]

A Companhia de Concessões Rodoviárias (CCR), pertencente ao Grupo CCR, era a controladora e detentora da participação majoritária na Rodonorte - Concessionária de Rodovias Integradas S.A., no Consórcio Operador Parques e na Parques Serviços Ltda.

Por meio de contrato de compra e venda de ações e contrato de cessão e transferência de quotas e quinhão consorcial, a Companhia de Concessões Rodoviárias aumentou sua participação na Rodonorte - Concessionária de Rodovias Integradas S.A., no Consórcio Operador Parques e na Parques Serviços Ltda. em 11,68%, 11,48% e 11,68%, respectivamente.

Os conselheiros que analisaram o ato de concentração à época entenderam que, como o controle sobre a Rodonorte - Concessionária de Rodovias Integradas S.A., o Consórcio Operador Parques e a Parques Serviços Ltda. permaneceu inalterado, a operação não se tratava de hipótese de subsunção obrigatória ao CADE e decidiram, por unanimidade, não conhecê-la. De acordo com o voto do conselheiro-relator Paulo Furquim de Azevedo:

> Conforme relatado, a presente operação retrata o **aumento da participação** da CCR na Rodonorte, no Coparques e na Parques, empresas em que **a CCR já detinha o controle integral**, tratando-se, portanto, de **mera reestruturação societária**. Como tal, não foi realizado efetivamente um ato de concentração, uma vez que **não se constata qualquer mudança de controle** decorrente da operação em pauta, não havendo que se falar em necessidade de sua subsunção.[93] (negritei)

---

[92] BRASIL. Conselho Administrativo de Defesa Econômica. Ato de concentração n. 08012.000321/2006-81, Rel. Paulo Furquim de Azevedo, 17 de abril de 2006. Disponível em: <http://www.cade.gov.br/ Default.aspx? a8889b6caa60b241d345d069fc>. Acesso em 31 mai. 2013.
[93] Ibid., Voto do conselheiro-relator.

(ix) Caso RMDA - Ato de Concentração nº 53500.014636/2005[94]

A operação consiste na aquisição da totalidade das ações preferenciais emitidas pela Radio Movil Digital Américas, Inc., de propriedade da International Wireless Communications, Inc., pela DAHOC Beteiligungsgesellschaft mbH, sociedade pertencente ao grupo Deutsche Bank e detentora da maioria absoluta do capital votante da Radio Movil Digital Américas, Inc.

Os conselheiros que analisaram o ato de concentração à época entenderam que, como o controle sobre a Radio Movil Digital Américas, Inc. permaneceu inalterado, a operação não se tratava de hipótese de subsunção obrigatória ao CADE e decidiram, por unanimidade, não conhecê-la. De acordo com o voto do conselheiro-relator Luís Fernando Rigato Vasconcellos:

> Verifica-se que o **Grupo DB já detinha, antes da operação em análise, a totalidade do capital votante da RMDA**, por meio de subsidiárias, bem como **o direito de nomear 3 dos 5 integrantes do Conselho de Administração** da sociedade, sendo que **todas as decisões daquele conselho eram tomadas por maioria simples**. Com a operação, houve uma substituição entre International Wireless Communications, Inc. e DAHOC, que adquire toda a participação da RMDA. **Tendo em vista que a DAHOC é subsidiária do Grupo DB, este se torna o único detentor, de forma direta ou indireta, do Grupo RMDA**. Observa-se a inicial subsunção da operação, em razão do faturamento do Grupo de uma das Requerentes (...). Entretanto, conforme julgamentos recentes deste Plenário, **as hipóteses de reestruturação societária, nas quais a empresa que já detinha controle acionário aumenta sua participação, sem que as demais sócias ou acionistas possuam mecanismos de atuação e decisão na empresa, de forma direta ou por meio de pesquisa e desenvolvimento, investimento, produção ou vendas, são consideradas como situações de não conhecimento da ope-

---

[94] BRASIL. Conselho Administrativo de Defesa Econômica. Ato de concentração n. 53500.014636/2005, Rel. Luis Fernando Rigato Vasconcellos, 18 de maio de 2006. Disponível em: <http://www.cade.gov.br/ Default.aspx? a8889b6caa60b241d345d069fc>. Acesso em 31 mai. 2013.

ração. (...) Tratando-se de **consolidação de controle** por parte do Grupo DB na RMDA, a operação pode ser considerada como **nova estruturação** da sociedade (...). nota-se que **a detentora anterior das ações**, International Wireless Communications, Inc., **não possuía qualquer direito de veto nas deliberações deste Conselho de Administração**. A participação acionária antes detida pela empresa supra citada **não lhe garantia qualquer direito de controle (voto ou veto)** que pudesse configurar controle compartilhado entre ela e o Grupo DB.[95] (*negritei*)

(x) Caso CBA - Ato de Concentração nº 08012.007389/2006-91[96]

O capital social da Campos Novos Energias S.A. (Enercan) era detido 48,72% por sua controladora CPFL-G, 11,69% pela Companhia Brasileira de Alumínio (CBA), pertencente ao grupo Votorantim, 2,03% pela Centrais Elétricas de Santa Catarina (Celesc), pertencente a nenhum grupo e o restante entre outros dois acionistas.

Nos termos do instrumento particular de promessa de compra e venda de ações, a Centrais Elétricas de Santa Catarina retira-se da Campos Novos Energias S.A., transferindo a totalidade da sua participação (2,03%) à Companhia Brasileira de Alumínio, a qual passa a deter 44,76% do capital social da Campos Novos Energias S.A.

Os conselheiros que analisaram o ato de concentração à época entenderam que, como a operação ocorreu entre dois acionistas minoritários sem alterar o controle sobre a Campos Novos Energias S.A., não se tratava de hipótese de subsunção obrigatória ao CADE e decidiram, por unanimidade, não conhecê-la. De acordo com o voto do ex-conselheiro Abraham Benzaquen Sicsú:

---

[95] BRASIL. Conselho Administrativo de Defesa Econômica. Ato de concentração n. 53500.014636/2005, op. cit., Voto do conselheiro-relator.
[96] BRASIL. Conselho Administrativo de Defesa Econômica. Ato de concentração n. 08012.007389/2006-91, Rel. Abraham Benzaquem Sicsú, 15 de dezembro de 2006. Disponível em: <http://www.cade.gov.br/ Default.aspx? a8889b6caa60b241d345d069fc>. Acesso em 31 mai. 2013.

A SDE e a ProCADE recomendaram o não conhecimento da operação, entendendo que se trata de reestruturação societária sem alteração de controle. Acolho este entendimento. Cabe destacar, contudo, que esse raciocínio não deve ser aplicado indiscriminadamente. **Haverá ocasiões em que a operação não implicará alteração de controle, mas que a concentração ensejará reforço da posição da empresa de modo relevante para a estrutura concorrencial do mercado**. Imagine-se, por exemplo, uma empresa "A" que passe de 49% de participação na sociedade "B" para 51%. A reestruturação societária não implicou alteração de controle. Mas a nova composição acionária afasta qualquer risco de que as decisões de A não sejam concretizadas. Assim, o reforço acionário seria relevante para o Sistema Brasileiro de Defesa da Concorrência, por consolidar uma posição de controle que só seria afastável por decisão da própria empresa de vender sua participação. **No caso em tela, a participação do grupo da requerente na ENERCAN passou de 42,73% para 44,76% do capital social. Há outra acionista, detentora de 48,72%. Realmente, não há perspectiva de alteração de modificação da estrutura de controle da empresa.**[97] (*negritei*)

Embora nem todos esses atos de concentração que serviram de substrato para a Súmula CADE nº 02/2007 referiam-se efetivamente a operações de aquisição de participação minoritária por acionista/sócio majoritário, como os casos Telepar, CIE, Milenia e CBA acima comentados, o espírito embasador dessa súmula foi o de que atos que não alterem as relações de controle ou influência relevante das sociedades não configurariam hipóteses de subsunção obrigatória.

Esse "espírito embasador" é frequentemente invocado em julgados posteriores do CADE para relativizar a aplicação da própria Súmula CADE nº 02/2007 tanto no sentido de que: (i) a Súmula CADE nº 02/2007 não apresenta um rol taxativo de circunstâncias que indicam uma possível alteração de controle ou influência relevante e, portanto, mesmo na ausência delas, poderiam haver outros aspectos que tornem determinada operação de subsunção obrigatória; como no sentido de que (ii) podem haver opera-

---

[97] BRASIL. Conselho Administrativo de Defesa Econômica. Ato de concentração n. 08012.007389/2006-91, op. cit., Voto do conselheiro-relator.

ções que mesmo que não se enquadrem no exato teor da súmula, por sua essência, não seriam consideradas de subsunção obrigatória. De acordo com a Procuradoria do CADE:

> Note-se que a súmula consolidou as principais preocupações da jurisprudência precedente que demonstrariam que determinada operação consubstanciada em mera reestruturação societária sem alteração de controle não deveria ser considerado (*sic*) como ato de notificação obrigatória ao SBDC. Nos requisitos para a aplicação da súmula procurou-se, pois, com base na experiência anterior, pacificar (e, frise-se, não esgotar) alguns aspectos que afastariam qualquer possibilidade de alteração de foco decisório ou de influência. É de se frisar, entretanto, já nesse ponto, que nem todos os precedentes da súmula realizaram a verificação concomitante de todos os requisitos que nela resultam dispostos, bem como que existem outros fatores de influência e de mecanismos decisórios, não previstos por ela, mas que podem estar presentes no caso concreto e conduzir ao conhecimento ou não da operação. Assim, **embora a súmula consolide os principais aspectos caracterizadores da não subsunção** nos casos de reestruturação societária **ela não esgota todas as hipóteses de reestruturação societária em que não ocorre a hipótese de subsunção.** Nesse sentido, **o CADE já decidiu inúmeras vezes, inclusive após a edição da súmula, que ainda que não seja o caso de sua aplicação, porquanto ainda não preenchidos todos os requisitos, se estiverem presentes os fundamentos ensejadores da súmula**, qual seja, a inexistência de alteração nas relações de controle, notadamente pela manutenção dos focos decisórios e de influência inalterados, resta configurada a hipótese de não conhecimento.[98] (*negritei*)

É inegável que a Súmula CADE nº 02/2007 não esgota as hipóteses que poderiam significar uma alteração de controle ou influência relevante. Também é certo que há diversas operações que não se revestem das carac-

---

[98] BRASIL. Conselho Administrativo de Defesa Econômica. Ato de concentração n. 08012.002461/2009-36, Rel. Olavo Zago Chinaglia, Parecer da Procuradoria do Conselho Administrativo de Defesa Econômica nº 211/2009, 16 de junho de 2009. Disponível em: <http://www.cade.gov.br/Default.aspx? a8889b6caa60b241d345d069fc>. Acesso em 31 mai. 2013.

terísticas exigidas na Súmula CADE nº 02/2007 e são inofensivas sob o ponto de vista concorrencial. Entretanto, essa relativização da Súmula CADE nº 02/2007 faz com que a consecução do escopo sumular de uniformização jurisprudencial e segurança jurídica também se relativize. Talvez, fosse o caso de não ter abordado a matéria em súmula ou de tê-la abordado de forma diversa.

Feitas essas considerações preliminares, as circunstâncias previstas na Súmula CADE nº 02/2007 quanto à existência de poderes do vendedor da participação minoritária decorrentes de lei, estatuto ou contrato merece análise detalhada, nos termos a seguir:

a) poderes de indicar administradores

A figura do administrador é, indiscutivelmente, relevante para a análise concorrencial. Conforme mencionado anteriormente, o administrador pode ser um meio indireto pelo qual o acionista/sócio que o nomeou dispõe para fazer prevalecer os seus interesses sobre a sociedade.

Contudo, conforme visto no Capítulo 2, itens 2.4.4 e 2.4.5, a figura do administrador não pode ser analisada considerando-se exclusivamente os poderes de acionistas/sócios para indicá-los. Pois, este aspecto não é por si só suficiente para apurar o impacto que administradores podem causar nas estruturas de controle e/ou influência relevante sobre a sociedade em prol daqueles que o indicaram.

Deve-se considerar também:

(i) os poderes de acionistas/sócios para destituir os administradores. Pois, se certo acionista/sócio tem o poder de determinar a indicação de administradores, qual seria a relevância desse poder se este mesmo acionista/sócio não tivesse depois poderes suficientes para manter tais administradores? Além disso, como já comentado, a retirada de um administrador pode alterar o perfil da gestão da sociedade e sua consequente atuação no mercado; e

(ii) os limites de atuação dos administradores previstos no estatuto/contrato social e/ou acordo de acionistas/sócios. Geralmente, decisões estratégicas e atos de caráter negocial e comercial estão sujeitos a uma hierarquia deliberativa dentro da estrutura organizacional da sociedade. Nesses casos, o poder de decisão do administrador e sua liberdade de atuação são restringidos. Então, embora certo acionista/sócio tenha os poderes de determinar a indicação e destituição de administradores, é possível que os administradores eleitos não tenham o poder de adotar as decisões comerciais que julgarem oportunas de forma isolada em virtude da estrutura organizacional da sociedade.

Como bem ressalta Ricardo Villas Boa Cuêva, "a possibilidade de eleger membros do Conselho de Administração e Diretoria que se responsabilizam pela administração da sociedade" é relevante a efeitos concorrenciais "desde que os mesmos tenham atribuições suficientes para direcionar o comportamento da empresa no mercado".[99]

A título ilustrativo, cita-se a análise feita por Arthur Badin quanto à possibilidade da Eletrobrás indicar administradores na Itiquira Energética S.A., no âmbito do ato de concentração nº 08012. 010455/2008-71:

> No Estatuto Social da Itiquira, há previsão de que caberá ao Conselho de Administração e à Diretoria Executiva a administração da Itiquira, bem como que as deliberações do Conselho de Administração serão realizadas por maioria simples, isto é, pelo voto de 2 (dois) conselheiros dos 3 (três) que compõem o Conselho de Administração. Ademais, competirá à Diretoria Executiva a gestão dos negócios sociais da Itiquira, sendo este composto por no mínimo 2 (dois) e no máximo 4 (quatro) diretores. No caso ora em exame há acordo de acionistas celebrado em 17 de janeiro de 2000 (documento anexo nº 08) e ainda vigente, o qual concede a Eletrobrás o direito de indicar um membro do Conselho de Administração, a ser nomeado em Assembleia Geral pelos demais signatários do Acordo. Note-se que apesar da possibilidade de indicação por parte da Eletrobrás de um membro do Conselho de Administração, não se configura hipótese de influência dominante do ponto de vista concorrencial, visto que o

---

[99] BRASIL. Conselho Administrativo de Defesa Econômica. Ato de concentração n. 08012.010293/2004-48, Rel. Luiz Alberto Esteves Scaloppe, Voto vista de Ricardo Villas Boa Cuêva, 24 de fevereiro de 2006. Disponível em: <http://www.cade.gov.br/Default.aspx?a8889b6caa60b241d345d069fc>. Acesso em 31 mai. 2013.

pólo decisório da sociedade é composto por duas partes, quais sejam o Conselho de Administração e a Diretoria Executiva, bem como a indicação restringe-se a apenas um membro de um destes órgãos da sociedade, sem a existência de previsão de veto sobre qualquer assunto específico.[100]

Em síntese, a análise sobre a figura do administrador deve envolver, dentre outros aspectos, o seu processo de nomeação e destituição, bem como o seu poder de agir dentro da estrutura hierárquica e orgânica da sociedade. A análise que se limita somente ao processo de nomeação dos administradores é precária e pode levar a resultados não condizentes com a realidade.

b) poderes de vetar qualquer matéria social

A indicação de poderes de vetar qualquer matéria social como indício de possível alteração da estrutura de controle e/ou influência relevante a efeitos concorrenciais não parece adequada.

Se, por exemplo, um acionista/sócio tem poderes de veto com relação a matérias referentes à distribuição de dividendos, qual a relevância para o direito concorrencial? Nenhuma.

Conforme visto no Capítulo 2, não é toda matéria social que importa ao direito da concorrência, mas somente aquela que possa causar um impacto direto ou indireto na estrutura de controle e/ou influência relevante da sociedade de forma a viabilizar a alteração de atuação desta no mercado.

Dessa forma, a previsão de poderes de vetar qualquer matéria social na Súmula CADE nº 02/2007 pode criar a obrigação de submeter operações desnecessárias à aprovação do CADE.

Analisada a primeira parte da Súmula CADE nº 02/2007 quanto à inexistência de poderes decorrentes de lei, estatuto ou contrato de indicar administradores, determinar política comercial e vetar qualquer matéria social, cumpre fazer breves considerações sobre a sua segunda parte, qual seja:

---

[100] BRASIL. Conselho Administrativo de Defesa Econômica. Ato de concentração n. 08012.010455/2008-71, loc. cit.

do(s) ato(s) jurídico(s) não constem cláusulas (ii.a) de não-concorrência com prazo superior a cinco anos e/ou abrangência territorial superior à de efetiva atuação da sociedade objeto e (ii.b) de que decorra qualquer tipo de poder de controle entre as partes após a operação.

A inexistência de cláusula de não-concorrência com prazo superior a cinco anos e/ou abrangência territorial superior à da efetiva atuação da sociedade reflete posicionamento consolidado do CADE sobre a matéria e, para os propósitos desta monografia, não merece aprofundamento.

Já a inexistência de cláusulas contratuais das quais decorram "qualquer tipo de poder de controle entre as partes após a operação", a Súmula CADE nº 02/2007 teria sido mais fidedigna às preocupações concorrenciais se tivesse exigido a inexistência de cláusulas contratuais das quais decorressem qualquer tipo de alteração na estrutura de poder ou influência relevante sobre a sociedade ao invés de limitar essa alteração somente à relação entre as partes.

Com o advento da Lei nº 12.529/11, a Súmula CADE nº 02/2007 não foi cancelada nem modificada. Entretanto, espera-se que uma ação ou outra ocorra o quanto antes. Não somente pelas críticas apontadas acima, mas para que haja coerência com relação à nova normativa do CADE, em particular, a Resolução CADE nº 02/2012.

O artigo 9º, inciso III, e o artigo 11 da Resolução CADE nº 02/2012 dispõem sobre a obrigatoriedade de notificação de aquisições de participações acionárias/societárias pelo controlador, nos termos a seguir:

> Art. 9º As aquisições de participação societária de que trata o artigo 90, II, da Lei 12.529/2011 são de notificação obrigatória, nos termos do art. 88 da mesma lei, quando: (...) III - Sejam realizadas pelo controlador, na hipótese disciplinada no artigo 11.

> Art. 11 Nos termos do artigo 9°, III são de notificação obrigatória ao CADE as aquisições de participação societária realizadas pelo controlador quando a participação direta ou indiretamente adquirida, de pelo menos um vendedor considerado individualmente, chegue a ser igual ou superior a 20% (vinte por cento) do capital social ou votante.

Nota-se que os artigos acima fazem referência a (i) controlador independentemente da participação societária que este detenha e (ii) aquisição societária sem especificação de minoritária ou majoritária. Trata-se, portanto, de um avanço da normativa com relação à aquisição de participações acionárias/societárias por controladores. A Súmula CADE nº 02/2007 abordava somente a hipótese de controlador detentor de participação majoritária e que, por conseguinte, somente poderia adquirir uma participação minoritária. O artigo 11 da Resolução CADE 2/12 considera tanto a hipótese de controlador detentor de participação majoritária como controlador detentor de participação minoritária.

A tentativa de estabelecer um requisito objetivo para tornar claro quando uma aquisição de participação societária por controlador caracteriza notificação obrigatória também é louvável. No entanto, o requisito objetivo escolhido não deixa de ser questionável. Conforme visto acima e em outras oportunidades mais adiante, nem sempre a porcentagem adquirida é fator determinante para alterar as estruturas de controle e/ou influência relevante sobre a sociedade.

3.2.4 Operações dentro de um mesmo grupo econômico

A maior parte dos exemplos mencionados nos itens anteriores considerou operações envolvendo partes de grupos distintos ou partes que não pertenciam a nenhum grupo. É importante observar que, caso referidas operações fossem realizadas entre partes de um mesmo grupo, não haveria a configuração de alteração de controle concorrencial único, como ocorreu nos casos Telepar, CIE e Milenia (AC 53500.006612/2002, 08012.000383/2004-21 e 08012.011220/2005-54, respectivamente) comentados no item 3.2.3 acima.

Entende-se que sociedades pertencentes a um mesmo grupo estejam sob uma direção unitária e que, independentemente das respectivas personalidades jurídicas que as individualizam, atuam como se fossem uma única entidade em busca de objetivos comuns.

De acordo com o anterior, a alteração do titular como controlador de uma sociedade, desde que pertencente ao mesmo grupo econômico do antigo controlador, ou o aumento de participação do controlador por aquisição de participação de acionista/sócio pertencente ao mesmo grupo, não seria capaz por si só de criar impactos concorrenciais adversos. Neste sentido, a Procuradoria do CADE:

> (...) a jurisprudência do CADE e a experiência do direito antitruste nos mostra que há diversos atos em que, a despeito de estar presente o critério do faturamento, não se pode falar de potenciais efeitos nocivos à concorrência, porquanto **tratam de mudanças societárias entre empresas de um mesmo grupo** ou de suas afiliadas que **não alteram** em nada a **situação de controle** e das **decisões mercadologicamente relevantes** da empresa ou do grupo de empresas e, muito menos, a **estrutura dos mercados** em que atuam. Tais atos não seriam, propriamente, atos de concentração econômica (...), mas **mero ajuste** ou **consolidação societários entre empresas, sem alteração das condições de controle** (leia-se foco decisório e influência dominante e/ou relevante) e dos mercados envolvidos. Nesta esteira, **a jurisprudência do CADE**, em inúmeros julgados desde 1994 até hoje, **tem evoluído** no sentido de **não considerar como de subsunção obrigatória** atos e contratos que importem em mera **reestruturação societária sem alteração de controle**. [101] (*negritei*)

Efetivamente, verifica-se que a maioria dos julgados do CADE tende a decidir pelo não conhecimento de operações nos termos acima descritos.[102]

---

[101] BRASIL. Conselho Administrativo de Defesa Econômica. Ato de concentração n. 08012.002461/2009-36, Rel. Olavo Zago Chinaglia, Parecer da Procuradoria do Conselho Administrativo de Defesa Econômica nº 211/2009, 16 de junho de 2009. Disponível em: <http://www.cade.gov.br/Default.aspx?a8889 b6caa60b241d345d069fc>. Acesso em 31 mai. 2013.

[102] E.g., BRASIL. Conselho Administrativo de Defesa Econômica. Ato de concentração n. 08012.000704/2000-56, Rel. Thompson Almeida Andrade, 13 de setembro de 2000. Disponível em: <http://www.cade.gov.br/Default.aspx?a8889 b6caa60b241d345d069fc>. Acesso em 31 mai. 2013. BRASIL. Conselho Administrativo de Defesa Econômica. Ato de concentração n. 08012.004774/2001-71, Rel. Thompson Almeida Andrade, 25 de outubro de 2002. Disponível em: <http://www.cade.gov.br/Default.aspx?a8889b6caa60b241d345d069fc>. Acesso em 31 mai. 2013. BRASIL. Conselho Administrativo de Defesa Econômica. Ato de concentração n. 08012.006397/2001-13, Rel. Roberto Augustos Castellanos Pfeifer, 22 de fevereiro de 2002. Disponível em: <http://www.cade.gov.br/Default.aspx?a8889 b6caa60b241d345d069fc>. Acesso em 31 mai. 2013. BRASIL. Conselho Administrativo de Defesa Econômica. Ato de concentração n. 08012.007702/2003-48, Rel. Fernando de Oliveira Marques, 12 de maio de 2004. Disponível em: <http://www.cade.gov.br/Default.aspx?a8889 b6caa60b241d345d069fc>. Acesso em 31

A título ilustrativo, citam-se, ainda, os seguintes exemplos:

Caso Gol - Ato de Concentração nº 08012.008946/2008-52[103]

A Gol Transportes Aéreos S.A., sociedade que era controlada pela Gol Linhas Areas Inteligentes S.A. e que pertencia ao Grupo Gol, foi incorpo-

mai. 2013. BRASIL. Conselho Administrativo de Defesa Econômica. Ato de concentração n. 08012.009636/2003-41; Rel. Fernando de Oliveira Marques, 11 de junho de 2004. Disponível em: <http://www.cade.gov.br/Default.aspx?a8889 b6caa60b241d345d069fc>. Acesso em 31 mai. 2013. BRASIL. Conselho Administrativo de Defesa Econômica. Ato de concentração n. 08012.011609/2006-81, Rel. Luis Fernando Rigato Vasconcellos, 23 de março de 2007. Disponível em: <http://www.cade.gov.br/Default.aspx?a8889 b6caa60b241d345d069fc>. Acesso em 31 mai. 2013. BRASIL. Conselho Administrativo de Defesa Econômica. Ato de concentração n. 08012.011607/2006-91, Rel. Paulo Furquim de Azevedo, 16 de abril de 2007. Disponível em: <http://www.cade.gov.br/Default.aspx?a8889 b6caa60b241d345d069fc>. Acesso em 31 mai. 2013. BRASIL. Conselho Administrativo de Defesa Econômica. Ato de concentração n. 08012.000030/2007-73, Rel. Luiz Carlos Thadeu Delorme Prado, 26 de abril de 2007. Disponível em: <http://www.cade.gov.br/Default.aspx?a8889 b6caa60b241d345d069fc>. Acesso em 31 mai. 2013. BRASIL. Conselho Administrativo de Defesa Econômica. Ato de concentração n. 08012.014557/2007-85, Rel. Ricardo Villas Boas Cuevas, 9 de abril de 2008. Disponível em: <http://www.cade.gov.br/Default.aspx?a8889 b6caa60b241d345d069fc>. Acesso em 31 mai. 2013. BRASIL. Conselho Administrativo de Defesa Econômica. Ato de concentração n. 08012.008946/2008-52, Rel. Paulo Furquim de Azevedo, 31 de outubro de 2008. Disponível em: <http://www.cade.gov.br/Default.aspx?a8889 b6caa60b241d345d069fc>. Acesso em 31 mai. 2013. BRASIL. Conselho Administrativo de Defesa Econômica. Ato de concentração n. 08012.000395/2010-01, Rel. Ricardo Machado Ruiz, 4 de fevereiro de 2010. Disponível em: <http://www.cade.gov.br/Default.aspx?a8889 b6caa60b241d345d069fc>. Acesso em 31 mai. 2013. BRASIL. Conselho Administrativo de Defesa Econômica. Ato de concentração n. 08012.008130/2010-43, Rel. Olavo Zago Chinaglia, 20 de setembro de 2010. Disponível em: <http://www.cade.gov.br/Default.aspx?a8889 b6caa60b241d345d069fc>. Acesso em 31 mai. 2013. BRASIL. Conselho Administrativo de Defesa Econômica. Ato de concentração n. 08012.007497/2003-11, loc. cit. BRASIL. Conselho Administrativo de Defesa Econômica. Ato de concentração n. 08012.005932/2003-72, loc. cit. BRASIL. Conselho Administrativo de Defesa Econômica. Ato de concentração n. 08012.000383/2004-21, loc. cit. BRASIL. Conselho Administrativo de Defesa Econômica. Ato de concentração n. 08012.002992/2004-14, loc. cit. BRASIL. Conselho Administrativo de Defesa Econômica. Ato de concentração n. 08012.010293/2004-48, loc. cit. BRASIL. Conselho Administrativo de Defesa Econômica. Ato de concentração n. 08012.011220/2005-54, loc. cit. BRASIL. Conselho Administrativo de Defesa Econômica. Ato de concentração n. 53500.014636/2005, loc. cit. BRASIL. Conselho Administrativo de Defesa Econômica. Ato de concentração n. 08012.000321/2006-81, loc. cit. BRASIL. Conselho Administrativo de Defesa Econômica. Ato de concentração n. 08012.007389/2006-91, loc. cit.

[103] BRASIL. Conselho Administrativo de Defesa Econômica. Ato de concentração nº 08012.008946/2008-52, loc. cit.

rada pela VGR Linhas Áreas S.A., sociedade que também era controlada pela Gol Linhas Areas Inteligentes S.A. e que pertencia ao Grupo Gol.

Os conselheiros que analisaram o ato de concentração à época entenderam que a operação não se tratava de hipótese de subsunção obrigatória ao CADE e decidiram, por unanimidade, não conhecê-la. De acordo com o voto do ex-conselheiro Paulo Furquim de Azevedo:

> A presente operação versa sobre a incorporação de **empresas controladas pelo mesmo grupo econômico** (Grupo Gol) que, por sua vez, continuará no controle da empresa resultante. Frisa-se o fato de que depois da operação o Grupo Gol continuou a deter quase a totalidade das ações da empresa resultante, portanto, não ocorreu qualquer alteração nas participações acionárias relativas, **mantendo-se o foco das decisões concorrencialmente relevantes inalterado**. Assim sendo, trata-se de **mera reestruturação societária sem alteração de controle**, ocorrida nos limites do Grupo Gol.[104] (*negritei*)

Caso Suez - Ato de Concentração nº 08012.000395/2010-01[105]

O capital social da Suez Energia Renovável S.A. era detido 99,99% pela GDF Suez Energy Latin America Participações Ltda., sociedade pertencente ao grupo GDF Suez.

Por meio de contrato de compra e venda de ações e outras avenças, a Tractebel Energia S.A., também pertencente ao grupo GDF Suez e controlada pela GDF Suez Energy Latin America Participações Ltda., adquiriu a totalidade das ações desta no capital social da Suez Energia Renovável S.A.

Em virtude da operação, a Suez Energia Renovável S.A. passou a ser controlada diretamente pela Tractebel Energia S.A. e, indiretamente, pela GDF Suez Energy Latin America Participações Ltda.

---

[104] BRASIL. Conselho Administrativo de Defesa Econômica. Ato de concentração nº 08012.008946/2008-52, op. cit. Voto do conselheiro-relator.
[105] BRASIL. Conselho Administrativo de Defesa Econômica. Ato de concentração nº 08012.000395/2010-01, op. cit.

Os conselheiros que analisaram o ato de concentração à época entenderam que a operação não se tratava de hipótese de subsunção obrigatória ao CADE e decidiram, por unanimidade, não conhecê-la. De acordo com o voto do ex-conselheiro Ricardo Machado Ruiz:

> Esse entendimento baseia-se no fato de que o **grupo GDF Suez já controlava** tanto a Suez quanto a Tractebel, e as transferências das ações e ativos de emissão da primeira à última não modificam a estrutura dos ativos detidos pela Suez e **em nada alteram o poder decisório do grupo**. Esse entendimento está em consonância com a Procuradoria do CADE e com a própria jurisprudência deste Conselho, que considera que atos e contratos que importem em **mera reorganização societária sem alteração de controle interno do grupo**, por mais que não se enquadrem na Súmula CADE nº 02, não configuram hipótese de subsunção obrigatória.[106] (*grifei*)

Como se pode verificar nos exemplos acima mencionados, operações realizadas dentro de um mesmo grupo econômico são frequentemente referidas na jurisprudência do CADE como reestruturação ou reorganização societária sem alteração de controle.

No âmbito societário, referências a "reestruturações societárias" e "reorganizações societárias" são utilizadas de forma indiscriminada. No âmbito concorrencial, entretanto, houve algumas tentativas visando distingui-las, dentre as quais destacam-se as contribuições dos ex-conselheiros do CADE Ronaldo Porto Macedo, Roberto Castellanos Pfeiffer e Fernando de Oliveira Marques nos julgados, respectivamente, dos atos de concentração nºs 08012.004774/2001-71[107], 53500.006612/2002[108] e 08012.006267/2003-34[109].

---

[106] BRASIL. Conselho Administrativo de Defesa Econômica. Ato de concentração nº 08012.000395/2010-01, op. cit.. Voto do conselheiro-relator.
[107] BRASIL. Conselho Administrativo de Defesa Econômica. Ato de concentração n. 08012.004774/2001-71, loc. cit.
[108] BRASIL. Conselho Administrativo de Defesa Econômica. Ato de concentração n. 53500.006612/2002, loc. cit.
[109] BRASIL. Conselho Administrativo de Defesa Econômica. Ato de concentração n. 08012.006267/2003-34, Rel. Fernando de Oliveira Marques, 29 de março de 2004. Disponível em: <http://www.cade.gov.br/Default.aspx?a8889 b6caa60b241d345d069fc>. Acesso em 31 mai. 2013.

Nos julgados posteriores aos mencionados acima, a diferenciação proposta pelo ex-Conselheiro Roberto Castellanos Pfeifer parece ter tido maior adesão.[110] Não obstante, as expressões "reorganização societária" e "reestruturação societária" continuam sendo utilizadas de forma indistinta.

Fato é que, independentemente das diferenciações propostas em termos conceituais, reestruturações e reorganizações societárias dentro de um mesmo grupo econômico produzem o mesmo efeito a nível concorrencial. Na explicação do ex-Conselheiro Roberto Castellanos Pfeifer, ainda sob a égide da Lei nº 8.884/94:

> A hipótese de reestruturação societária ocorre quando as empresas envolvidas na operação pertencem a um mesmo grupo econômico, sob controle direto ou indireto de uma só empresa-mãe. Dentro de uma estrutura com essas características **não há concorrência, mas sim objetivos comuns que devem ser perseguidos por todos os integrantes do grupo**. Há, portanto, **um único pólo decisório**, traçando os objetivos gerais do grupo e vinculando as empresas a ele subordinadas. As alterações societárias e administrativas inseridas nesse complexo **não têm o condão de alterar as estruturas concorrenciais, nem tampouco os índices de concentração no mercado relevante**. Com efeito, isso não significa que não há a existência de repercussões externas concorrenciais derivadas das mudanças internas do grupo, contudo essa situação em nada difere das alterações que uma empresa promove em si mesma no intuito de alterar sua competitividade. A forma pela qual o poder decisório é exercido, direta ou indiretamente, **não enseja especial preocupação antitruste na medida em que o foco da análise é a identificação das reais relações de controle, ou seja, do fundamento econômico da estrutura societária**. (...) Frise-se que **o mesmo entendimento é aplicável à hipótese de reorganização societária**, já que restrita a um único pólo decisório, só que com a diferença de haver alteração de controle. Este Conselho, como já observado, tem entendido reiteradas vezes que em situações como

---

[110] BRASIL. Conselho Administrativo de Defesa Econômica. Ato de concentração n. 08012.010455/2008-71, loc. cit.

estas não há razão para o conhecimento da operação, tendo em vista que não há subsunção ao artigo 54.[111] (*negritei*)

Não se aprofundará aqui no mérito ou demérito das definições acima ou daquelas propostas pelos demais ex-conselheiros e conselheiros do CADE. Como reestruturações e reorganizações societárias dentro de um mesmo grupo econômico não alteram, independentemente das definições que lhe sejam atribuídas, o poder decisório das sociedades envolvidas, basta ter em mente que tais operações não são relevantes sob a perspectiva concorrencial uma vez que não causam impacto na atuação de tais sociedades no mercado e, portanto, não se tratam de hipóteses de subsunção obrigatória.

Espera-se que esse entendimento que já vem sendo consolidado nos julgados do CADE quando ainda regidos pela Lei nº 8.884/94 seja efetivamente absorvido sob o prisma da Lei nº 12.529/11 de forma que reestruturações e reorganizações societárias dentro de um mesmo grupo econômico não sejam mais apresentadas ao CADE ou mesmo conhecidas por este.

3.3 Controle concorrencial compartilhado

Ao contrário do controle concorrencial único (item 3.2), o controle concorrencial compartilhado verifica-se quando, no mínimo, dois acionistas/ sócios pertencentes a grupos econômicos distintos devem necessariamente chegar a um consenso e/ou acordaram atuação conjunta para determinar a totalidade, ou parte preponderante, das matérias relativas à política comercial da sociedade.

Consequentemente, a probabilidade de um único acionista/sócio determinar a política comercial da sociedade em detrimento aos demais acionistas/sócios ou concorrentes conforme lhe seja mais proveitoso é consideravelmente menor em uma estrutura de controle compartilhado se comparado a uma estrutura de controle único. De acordo com a explicação do ex-conselheiro Paulo Furquim de Azevedo:

> **É inegável que o contróle compartilhado se distingue do controle único.** Se não o fosse, não seria necessária a análise de casos em

---

[111] BRASIL. Conselho Administrativo de Defesa Econômica. Ato de concentração nº 53500.006612/2002, loc. cit.

que uma das partes assume o controle integral de empresa na qual detinha apenas controle parcial. Embora tal distinção seja relevante, trata-se de diferença substancialmente menor do que aquela que há entre participação no controle de determinada empresa e ausência de influência relevante. Não por outro motivo, é argumento recorrente em casos de aquisição de controle integral pela parte que já compartilhava do controle de determinada empresa a 'mera consolidação de controle societário'. Ainda assim, a qualidade do controle constitui elemento relevante à análise concorrencial e, como tal, deve ser levada em consideração na avaliação dos efeitos esperados com a operação. **O fato de haver controle compartilhado limita a capacidade de um dos controladores impor unilateralmente estratégia que lhe seja lucrativa, mas que seja prejudicial aos demais sócios.** Estes, detendo algum poder de proposição ou de veto em matéria concorrencial, podem rejeitar a adoção de estratégia que venha a impor custos à sociedade da qual fazem parte, mesmo que tal estratégia resulte em ganhos que superem tais perdas em outras empresas de um dos sócios. **Se o controle fosse único, essa hipotética estratégia anticompetitiva seria provável, uma vez que poderia implicar elevação do grupo econômico, mesmo que à custa da lucratividade de uma das empresas desse grupo.** Essa distinção é relevante, sobretudo, em casos de integração vertical, em que uma empresa do grupo econômico, ao incorrer em custo de estratégia anticompetitiva (e.g. recusa de venda), pode fazer elevar os custos dos rivais em etapa a montante ou a jusante da cadeia produtiva, o que pode aumentar o lucro de empresas do mesmo grupo econômico localizadas nessas etapas da cadeia produtiva. Em havendo controle compartilhado, esse tipo de estratégia anticompetitiva é menos provável, uma vez que os sócios da empresa que incorre em maiores custos necessitam de alguma forma de compensação, a fim de que concordem em executar tal estratégia. **Em síntese, os efeitos do controle compartilhado *vis-à-vis* controle único dependem do tipo de estratégia que se pretende prevenir no controle de estruturas de cada caso.**[112] (*negritei*)

---

[112] BRASIL. Conselho Administrativo de Defesa Econômica. Ato de concentração n. 08012.011047/2004-11, Rel. Luis Fernando Rigato Vasconcellos, Embargos de declaração, 15

Por outro lado, também é verdade que, em uma estrutura de controle compartilhado, há a presunção de que os co-controladores possam determinar o aumento de preços por parte da sociedade se as condições de concorrência no mercado relevante assim permitirem.[113]

Geralmente, o controle concorrencial compartilhado ou bloco de controle é identificado nas seguintes situações:

a) sociedade com apenas dois acionistas/sócios (pertencentes a grupos distintos) detentores de participação acionária/societária votante igualitária (50/50) e cujas decisões relativas à política comercial, bem como à nomeação, destituição e limitação de poderes de administradores estejam sujeitas à aprovação desses dois acionistas/sócios. Trata-se da situação clássica de controle compartilhado.

b) acionistas/sócios minoritários (pertencentes a grupos distintos) celebram acordo para reunir suas respectivas participações e acordar seus votos em conjunto de forma a garantir que o voto acordado prevaleça sobre o voto dos demais acionistas/sócios relativos à política comercial da sociedade, bem como à nomeação, destituição e limitação de poderes de administradores.

c) o estatuto/contrato social e/ou acordo de acionistas/sócios determina quorum específico para a adoção de matérias relacionadas à política comercial da sociedade que, para ser alcançado, depende do voto favorável do acionista/sócio detentor da participação minoritária. Trata-se do chamado "controle negativo".[114]

d) o estatuto/contrato social e/ou acordo de acionistas/sócios concede ao acionista/sócio detentor de participação minoritária ou majoritária irrisória direitos de veto sobre aspectos estratégicos relacionados à política comercial da sociedade. Trata-se de hipótese

de janeiro de 2008. Disponível em: <http://www.cade.gov.br/Default.aspx?a8889b6caa60b-241d345d069fc>. Acesso em 31 mai. 2013.
[113] OECD. Antitrust issues involving minority shareholding and interlocking directorates. 2009. Disponível em: <http://www.oecd.org/competition/mergers/41774055.pdf>. Acesso em: 16 de novembro de 2012. p. 21.
[114] OECD, op. cit., p. 20.

distinta de influência relevante na medida em que esta implica na possibilidade de influenciar e não determinar a política comercial da sociedade, conforme discutido nos Capítulos anteriores.

e) em caráter excepcional, dois ou mais acionistas/sócios têm fortes interesses comuns de forma que há uma alta probabilidade de seus votos serem no mesmo sentido com relação à política comercial da sociedade.[115]

Conforme já mencionado, é comum haver certo questionamento quanto à obrigatoriedade de notificação ao CADE quando há transição de controle único para compartilhado ou alguma alteração no bloco de controle da sociedade, como, por exemplo, a entrada de novos acionistas/sócios, a saída

---

[115] De acordo com os parágrafos 76 a 78 da Comunicação Consolidada da Comissão Europeia em Matéria Concorrencial, tal hipótese de controle conjunto pode ocorre quando houver certo grau de dependência, como tecnológica ou financeira, entre os acionistas/sócios. Na íntegra: "Very exceptionally, collective action can occur on a *de facto* basis where strong common interests exist between the minority shareholders to the effect that they would not act against each other in exercising their rights in relation to the joint venture. The greater the number of parent companies involved in such a joint venture, however, the more remote is the likelihood of this situation occurring. Indicative for such a commonality of interests is a high degree of mutual dependency as between the parent companies to reach the strategic objectives of the joint venture. This is in particular the case when each parent company provides a contribution to the joint venture which is vital for its operation (e.g. specific technologies, local know-how or supply agreements). In these circumstances, the parent companies may be able to block strategic decisions of the joint venture and, thus, they can operate the joint ventures successfully only with each other's agreement on the strategic decisions even if there is no express provision for any veto rights. The parent companies will therefore be required to cooperate. Further factors are decision making procedures which are tailored in such a way as to allow the parent companies to exercise joint control even in the absence of explicit agreements granting veto rights or other links between the minority shareholders related to the joint venture. Such a scenario may not only occur in a situation where two or more minority shareholders jointly control an undertaking on a de facto basis, but also where there is a high degree of dependency of a majority shareholder on a minority shareholder. This may be the case where the joint venture economically and financially depends on the minority shareholder or where only the minority shareholder has the required know how for, and will play a major role in, the operation of the joint undertaking whereas the majority shareholder will not be able to enforce its position, but the joint venture partner may be able to block strategic decisions so that both parent undertakings will be required to cooperate permanently. This leads to a situation of *de facto* joint control which prevails over a pure *de jure* assessment according to which the majority shareholder could have been considered to have sole control."

de acionistas/sócios que originariamente compunham o bloco e o aumento da participação acionária/societária de acionistas/sócios dentro do bloco.

É possível verificar, contudo, ser pacífico o entendimento de que a operação é de subsunção obrigatória quando for capaz de ocasionar, ou de fato ocasione, alteração na estrutura decisória da sociedade ou consista em participação passiva com potencial efeito anti-competitivo (vide item 3.5 abaixo).

A título ilustrativo, citam-se os seguintes casos:

Caso Sinergás - Ato de concentração nº 08012.008827/2008-08[116]

O capital social da Luxxon Participações S.A. era detido 50% por Dickens Investments LLC, pertencente ao grupo Financiere Natixis Banques Populaires, e 50% por Gasoil Serviços Ltda., pertencente ao grupo Lupatech.

A operação consistiu em um aumento no capital social da Luxxon, o qual foi subscrito por suas acionistas na proporção das suas respectivas participações no capital social dessa sociedade. A acionista Dickens integralizou a sua parte no aumento do capital social da Luxxon com a participação de 94,65% que esta detinha no capital social da Sinergás GNV do Brasil Ltda. A outra sócia da Sinergás, detentora do percentual remanescente de 5,35%, também transferiu sua participação para a Luxxon, tornando-se esta, consequentemente, a única sócia da Sinergás.

Os conselheiros que analisaram o ato de concentração à época entenderam que a operação era de subsunção obrigatória, pois acarretava alteração na estrutura decisória da Sinergás. Nos termos do voto do conselheiro-relator Fernando de Magalhães Furlan:

> (...) a estrutura decisória da **Luxxon** sofre influências tanto da Gasoil como da Dickens, sendo possível considerar que a empresa **é controlada de forma compartilhada por suas sócias** (...). As requerentes apontaram a existência de um **acordo de acionistas que listaria assuntos que poderiam ser deliberados pela aprova-**

---

[116] BRASIL. Conselho Administrativo de Defesa Econômica. Ato de concentração n. 08012.008827/2008-08, Rel. Fernando de Magalhães Furlan. Julgamento 7 de novembro de 2008. Disponível em: <http://www.cade.gov.br/Default.aspx? a8889b6caa60b-241d345d069fc>. Acesso em 31 mai. 2013.

ção de 2/3 das ações com direito a votos, entretanto, nenhuma das empresas acionistas detém essa participação isoladamente, pois a cada uma cabe 50% da totalidade das ações com direito a voto. Logo, tem-se que, **anteriormente à operação, a Sinergás era praticamente controlada de forma unitária pela Dickens, sendo que, em decorrência da operação, passou a ser controlada indiretamente e de forma compartilhada pela própria Dickens e pela Gasoil por intermédio da Luxxon**. Associada à alteração do controle da Sinergás em decorrência da presente operação, verifica-se também que o grupo Lupatech, ao qual pertence a empresa Gasoil, registrou faturamento, no Brasil, superior a (...). Dessa forma, **o ato notificado deve ser conhecido** (...) [117] (*negritei*)

[117] BRASIL. Conselho Administrativo de Defesa Econômica. Ato de concentração n. 08012.008727/2008-08. , Voto do conselheiro-relator.

Caso Usiminas - Ato de concentração nº 08012.010761/2006-46[118]

O bloco de controle da Usinas Siderúrgicas de Minas Gerais (Usiminas) era composto por sociedades pertencentes ao grupo Nippon, Grupo Votorantim/Camargo Corrêa e CEU.

A operação consistiu na entrada de mais uma acionista da Usiminas, a Companhia Vale do Rio Doce (CVRD), pertencente ao grupo CVRD, no bloco de controle.

De acordo com a Secretaria de Acompanhamento Econômico (SEAE), referida operação não seria capaz de alterar a estrutura decisória da Usiminas pelos motivos abaixo expostos:

> (...) é possível inferir que a CVRD passará a deter, após a concretização da operação em tela, participação de 5,9% no capital votante da Usiminas e de 9,22% das ações vinculadas ao Acordo de Acionistas da empresa. Vale ressaltar que tal participação não confere à CVRD poder de veto ou poder de determinar isoladamente qualquer decisão no âmbito do bloco de controle ou do Conselho de Administração da Usiminas. Vale dizer, o Acordo de Acionistas da Usiminas estabelece que, em sendo tomada qualquer decisão em Reunião Prévia dos acionistas integrantes do bloco de controle, todos os demais estão obrigados a exercer seu poder de voto e a instruir seus membros do Conselho de Administração que atendam àquilo que tiver sido deliberado pela maioria. Objetivamente, portanto, com base nas disposições contratuais do Acordo de Acionistas e também com base nas disposições da Lei das Sociedades Anônimas, após a presente operação, a CVRD não passou a deter qualquer poder de, isoladamente, deliberar a respeito da gestão da Usiminas (...) a CVRD, neste caso, é a única acionista que não possui poder de veto, isto é, qualquer matéria (dentre as que requerem aprovação de 85%) pode ser aprovada, independente da posição da CVRD, o que não ocorre com os demais Grupos de acionistas.[119]

---

[118] BRASIL. Conselho Administrativo de Defesa Econômica. Ato de concentração nº 08012.010761/2006-46, Rel. Fernando de Magalhães Furlan, 27 de junho de 2008. Disponível em: <http://www.cade.gov.br/ Default.aspx? a8889b6caa60b241d345d069fc>. Acesso em 31 mai. 2013.

[119] Ibid. Parecer da Secretaria de Acompanhamento Econômico.

Os conselheiros que analisaram o ato de concentração à época acompanharam o entendimento da SEAE de que a operação não seria capaz de alterar a estrutura decisória da Usiminas. Ademais, ressaltaram que a operação tampouco seria capaz de potencializar coordenação estratégica entre os controladores. Não obstante, conheceram a operação em virtude do faturamento de um dos grupos no Brasil. De acordo como o conselheiro-relator Fernando de Magalhães Furlan:

> (...) **A CVRD não possui capacidade de, isoladamente, determinar qualquer conduta do bloco de controle da Usiminas, tampouco de vetar qualquer matéria relevante à empresa.** Resta o argumento de que **a operação potencializa a coordenação estratégica** entre os controladores da Usiminas. Não me parece suficientemente evidenciada a relação entre a presente operação e tal conduta colusiva potencial. **A CVRD é empresa de porte e já detinha a capacidade de interagir com os outros membros do bloco de controle.** Não há evidência nos autos de que a empresa tenha adquirido vantagem adicional relevante com seu ingresso no referido bloco, capaz de suscitar preocupações de ordem concorrencial. Ela passa a participar de discussões no âmbito do acordo de acionistas; mas ela já podia, por intuitivo, abordar os outros controladores informalmente. **Com a entrada no bloco de controle, a empresa de fato ganha espaço para manifestar suas preocupações e interesses naquele âmbito. Mas não vislumbro acréscimo ao seu poder de influenciar o comportamento de terceiros, tanto mais no sentido de ingressar em práticas anticompetitivas.**[120]

---

[120] BRASIL. Conselho Administrativo de Defesa Econômica. Ato de concentração nº 08012.010761/2006-46, op. cit., Voto do conselheiro-relator.

Caso BPE - Ato de concentração nº 08012.007258/2010-90[121]

A operação consistiu na alienação de (i) 100% do capital social da Aguilha Participações e Empreendimentos Ltda. (BPE), detido pela Brisa Internacional, a Andrade Gutierrez Concessões S.A., Camargo Corrêa Investimento em Infra-Estrutura S.A. e Soares Penido Concessões S.A.; e (ii) 6% do capital da Companhia Concessões Rodoviárias (CCR), 24,5% do Consórcio Operador da Rodovia Presidente Dutra (Coper) e 25% da Companhia Operadora de Rodovias (COR), detido pela Brisa Internacional, a BPE. Ressalta-se que Andrade Gutierrez Concessões S.A., Camargo Corrêa Investimento em Infra-Estrutura S.A. e Soares Penido Concessões S.A. já participavam do bloco de controle das sociedades indicadas no item (ii) acima. Portanto, a operação acarretou o reforço de suas respectivas participações no referido bloco e a saída da BPE.

Os conselheiros que analisaram o ato de concentração à época adotaram os fundamentos dos pareceres da SEAE, SDE e da Procuradoria do CADE e conheceram a operação. De acordo com o parecer desta última:

> Em primeiro lugar manifesta-se esta Procuradoria pelo conhecimento da operação, uma vez que o faturamento das requerentes é superior ao mínimo exigido (...). Ademais, nem se pode alegar aqui que se trata de aquisição de participação minoritária sem alteração de controle, a ensejar o não conhecimento da operação. De fato, não há ingresso de novos sócios nas sociedades-alvo, as compradoras, atuando em bloco, já possuíam a maior parte das ações da COR e Coper. Não obstante, a vendedora BPE possuía direito de indicação de administradores por conta de suas ações vinculadas na na CCR, bem como o acordo previa quórum qualificado para determinadas matérias, sendo que, após a operação, suas ações remanescentes não mais são vinculadas ao acordo de acionistas da CCR. Ademais, com a operação, deixa de participar dos Consórcios Operacionais COR e COPER, que operam contratos de concessão da CCR, e nos quais possuía participação acionária e direitos políticos equivalen-

---

[121] BRASIL. Conselho Administrativo de Defesa Econômica. Ato de concentração n. 08012.007258/2010-90, Rel. Vinícius Marques de Carvalho, 4 de outubro de 2010. Disponível em: <http://www.cade.gov.br/ Default.aspx? a8889b6caa60b241d345d069fc>. Acesso em 31 mai. 2013.

tes ao das compradoras. **Assim, parece-nos claro que embora não haja ingresso de novos sócios no bloco de controle das sociedades-alvo, a saída da BPE representa alteração da estrutura de controle anterior e do acordo de acionistas da CCR, justificando o conhecimento da operação.**[122] *(negritei)*

Caso Bradespar - Ato de concentração nº 08012.008476/2006-65[123]

A operação consiste na retirada da Bradespar S.A. do bloco de controle da CPFL Energia S.A.

Os conselheiros que analisaram o ato de concentração na época entenderam que a operação acarretaria alteração na estrutura decisória da CPFL e conhecerem a operação. Nos termos do voto do conselheiro-relator Abraham Benzaquen Sicsú:

> Conheço da operação, uma vez que pelo menos uma das requerentes apresentou faturamento anual superior a (...). Assevero que, de acordo com as requerentes, **a Bradespar detinha poderes para indicar administrador, determinar a política comercial e vetar matéria social no âmbito da VCB Participações. Assim, não se trata de simples reestruturação societária sem efeitos sobre a administração, não havendo óbice ao conhecimento.**[124] *(negritei)*

Dos casos acima se verifica, portanto, que o CADE tende a considerar de subsunção obrigatória as operações que afetam, de forma efetiva ou potencial, a capacidade originária dos membros do bloco de controle de impor a conduta deste, determinar a política comercial ou vetar matéria

---

[122] BRASIL. Conselho Administrativo de Defesa Econômica. Ato de concentração n. 08012.007258/2010-90, op. cit., Parecer da Procuradoria do Conselho Administrativo de Defesa Econômica nº 320/10.

[123] BRASIL. Conselho Administrativo de Defesa Econômica. Ato de concentração n. 08012.008476/2006-65, Rel. Abraham Benzaquem Sicsú, 20 de agosto de 2007. Disponível em: <http://www.cade.gov.br/ Default.aspx? a8889b6caa60b241d345d069fc>. Acesso em 31 mai. 2013.

[124] Ibid. Voto do conselheiro-relator.

relevante da sociedade. Contudo, como nos demais casos aqui comentados, os julgados do CADE costumam tratar o tema de forma supérflua não expondo de maneira clara e pormenorizada quais seriam as matérias relevantes ou os aspectos que determinariam a política comercial da sociedade ou a conduta do bloco de controle.

3.4 Controle concorrencial em sociedade por ações aberta

Os parâmetros descritos nos itens 3.3.1 e 3.3.2 acima para a configuração de controle concorrencial também são aplicáveis, em regra, às sociedades por ações abertas. No entanto, em virtude da natureza desse tipo societário, as operações que resultam na alteração de controle ou aquisição de participação acionária de sociedades por ações abertas a efeitos concorrenciais estão sujeitas a certas particularidades.

A Lei nº 12.529/11 manteve em seu artigo 88, parágrafo 8º, praticamente a mesma disposição do artigo 54, parágrafo 10, da Lei nº 8.884/94, pela qual as mudanças de controle acionário de sociedades por ações abertas devem ser comunicadas às autoridades concorrenciais pela CVM e pelo Departamento Nacional do Registro do Comércio do Ministério de Desenvolvimento, Indústria e Comércio Exterior, respectivamente, no prazo de cinco dias úteis para, se for o caso, ser examinadas.

Não obstante, a Lei nº 12.529/11 expressamente reconheceu em seu artigo 89, parágrafo único, a necessidade de submeter a aquisição de ações por meio de oferta pública à regulamentação específica. Essa tarefa ficou a cargo, ao menos em parte, da Resolução CADE nº 01/2012. De acordo com o artigo 109 da referida resolução:

a) Regra geral de subsunção

Como regra geral, as operações de oferta pública de ações podem ser notificadas a partir da sua publicação e independem de aprovação prévia do CADE para sua consumação. Isso se deve, em grande parte, à rapidez e volatilidade das cotações das ações.

b) Oferta pública de ações por alienação de controle

No caso específico de oferta pública por alienação de controle[125], a obrigatoriedade da mesma deverá ser informada quando da notificação da operação que a determinar, não devendo ser notificada após a sua publicação. Essa dispensa de notificação posterior tem por objetivo evitar a duplicidade de atos de concentração.

c) Período entre a notificação da operação e a decisão do CADE

Embora as ofertas públicas de ações possam ser consumadas antes da aprovação do CADE, os direitos políticos relativos à participação adquirida somente poderão ser exercidos após a efetiva aprovação pelo CADE.

Os direitos políticos são essenciais para a proteção dos interesses e investimento dos acionistas. Sob o ponto de vista concorrencial, parece ser correta a suspensão de tais direitos haja vista o potencial impacto adverso que poderiam causar caso a operação não fosse aprovada pelo CADE. No entanto, isso não deixa de criar insegurança aos participantes do mercado, principalmente em caso de aprovação da operação pelo CADE.

Não obstante a discussão acima, o CADE poderá, a pedido das partes, conceder autorização para o exercício dos direitos políticos na medida em que este for necessário para a proteção do pleno valor do investimento. Trata-se, contudo, de autorização discricionária cujos parâmetros ainda estão pendentes de definição e, portanto, gera sim um conforto, mas um conforto relativo, aos participantes do mercado.

d) Ofertas públicas de ações não sujeitas ao CADE

As ofertas públicas de ações obrigatórias realizadas (i) como condição do cancelamento do registro para negociação de ações nos mercados regulamentados de valores mobiliários[126]; e (ii) em consequência de aumento da participação do acionista controlador (na concepção societária)[127] são

---

[125] Cf. artigo 254-A da Lei nº 6.404/76 e artigo 2º, inciso III, da Instrução CVM nº 361/02.
[126] Cf. artigo 4º, parágrafo 4º, da Lei nº 6.404/76; artigo 21, Lei nº 6.385/76; e artigo 2º, inciso I, da Instrução CVM nº 361/02.
[127] Cf. artigo 4º, parágrafo 6º, da Lei nº 6.404/76 e artigo 2º, inciso II, da Instrução CVM nº 361/02.

expressamente desqualificadas como atos de concentração e, portanto, não devem ser submetidas à aprovação do CADE. Essa dispensa ocorre em virtude da notória ausência de prejuízos à concorrência que esses tipos de ofertas públicas costumam apresentar.

3.5 Considerações sobre influência relevante e participações passivas

3.5.1 Influência relevante

Conforme visto nos Capítulos anteriores, a doutrina faz comumente referência à "influência relevante a efeitos concorrenciais" para abranger aquelas hipóteses que não se incluem dentro da definição de controle concorrencial, mas que podem e/ou de certa forma exercem influência sobre a política comercial da sociedade e sua consequente atuação no mercado.

Dentre os julgados do CADE, o voto-vista do ex-conselheiro Ricardo Villas Bôas Cueva no ato de concentração nº 08012.010293/2004-48, que tratou da incorporação de algumas sociedades pertencentes ao grupo Flynet pela IdeiasNet S.A., tornou-se referência para discussões posteriores sobre influência relevante.

De acordo com o ex-conselheiro Ricardo Villas Bôas Cueva, a configuração de influência relevante depende da identificação de dois fatores: (i) interesse de determinado acionista/sócio em intervir na atuação da sociedade no mercado; e (ii) a possibilidade ou efetividade de exercer essa influência nas decisões comerciais da sociedade. O ex-conselheiro explica que:

> A presunção do *interesse* em intervir estrategicamente na sociedade deve advir de fatos mais concretos, como, por exemplo, a coincidência dos objetos sociais entre acionista e sociedade, donde se pode inferir com maior segurança o interesse em um comportamento concertado, pressupondo-se, inevitavelmente, o interesse em influir no direcionamento econômico. Outras hipótese seria a existência de vínculos contratuais entre ambas, ocasião em que é possível presumir um interesse advindo de fatores externos, dependendo da natureza do vínculo e da dependência gerada pelas relações contratuais. Quanto à **possibilidade** ou **efetividade** de exercício de influência relevante, também não creio ser razoável inferi-la pela mera existên-

cia ou presunção de interesse, isto é, sem que o acionista detenha, de fato ou de direito, alguma prerrogativa ou privilégio que lhe confira um poder de decisão. Isso porque a influência, para ser realmente significativa há de ser prolongada no tempo e estável, pois como bem destaca Calixto Salomão *'o poder de determinar o planejamento empresarial de um agente econômico exige uma influência constante e abrangente'*.[128]

A identificação do (i) interesse em intervir na atuação comercial da sociedade; e da (ii) possibilidade ou efetividade de realizar essa intervenção, de forma prolongada e estável, para a caracterização de influência relevante a efeitos concorrenciais é extremamente casuística e deve levar em consideração, no mínimo, os elementos de configuração indicados no Capítulo 2.

Ao contrário do controle concorrencial que exige a combinação de uma série de fatores que evidencie a possibilidade de se determinar a totalidade, ou parte preponderante, das decisões comerciais e estratégicas da sociedade, a constatação de apenas um fator que demonstre a possibilidade de se influenciar parte de tais decisões já seria suficiente para a configuração de influência relevante. Mas seria todo e qualquer fator suficiente para tornar uma operação de subsunção obrigatória?

A título meramente ilustrativo e sem a pretensão de esgotar o tema, citam-se os seguintes exemplos:

Caso Botafogo Praia Shopping - Ato de concentração nº 08012.013500/2007-69[129]

A operação consistiu na aquisição de 100% do capital social da Plaza Shopping Trust SPCO Ltda., originariamente detido pelo grupo Victor Malzoni, pela Brascan Shopping Centers Ltda., pertencente ao grupo Brascan (Brascan). Como resultado da operação, a Brascan passou a deter, de forma indireta, participação em alguns shopping centers, como 49% do Botafogo Praia Shopping.

---

[128] BRASIL. Conselho Administrativo de Defesa Econômica. Ato de concentração nº 08012.010293/2004-48, loc. cit.

[129] BRASIL. Conselho Administrativo de Defesa Econômica. Ato de concentração nº 08012.013500/2007-69, Rel. Paulo Furquim de Azevedo, 16 de outubro de 2008. Disponível em: <http://www.cade.gov.br/Default.aspx?a8889b6caa60b241d345d069fc>. Acesso em 31 mai. 2013.

Os conselheiros que analisaram o ato de concentração à época aprovaram a operação com restrições porque entenderam que, embora a Brascan não tivesse adquirido o controle do Botafogo Praia Shopping, a Brascan passaria a exercer influência relevante sobre referido shopping, podendo ocasionar danos à concorrência. Nos termos do voto do conselheiro-relator Paulo Furquim de Azevedo:

> Dito de outra forma, **a operação importa na aquisição, pelo Grupo Brascan, de uma participação relevante do principal concorrente do Shopping Rio Sul**. Os demais concorrentes das Requerentes não são capazes de tornar esta concentração irrelevante para fins de defesa da concorrência. Uma questão levantada pelas requerentes foi o fato de a operação importar a **aquisição de participação minoritária (49%)** no Botafogo Praia Shopping. Conforme precedentes deste Conselho, **tal montante de participação é suficiente para presumir a existência de influência relevante e de nexo causal decorrente da operação**. Se não bastasse a participação adquirida ser muito próxima a 50%, o que poderia exigir o consenso entre os sócios para a administração do empreendimento, **as cláusulas contratuais** da administradora do Botafogo Praia Shopping, a BPS Shopping Center Ltda. ("BPS"), **garantem ao Grupo Brascan a necessidade de seu consentimento para a realização de atos importantes para a administração da sociedade, tais como, a aquisição de ativos, a realização de empréstimos e a celebração ou distrato de contratos**. Mesmo que os argumentos levantados pelas Requerentes, no sentido de que o Grupo Brascan não poderia exercer isoladamente a administração do Botafogo Praia Shopping, pudessem ser considerados independentemente do poder de veto que o mesmo possui na BPS, a operação aumenta substancialmente os riscos e incentivos para a colusão entre o Grupo Brascan e o sócio majoritário do Botafogo Praia Shopping, no que se refere à administração conjunta de referidos shoppings, o que por si só autorizaria a intervenção governamental a fim de restabelecer as condições competitivas no mercado relevante em que atuam estes dois shoppings.[130]

---

[130] BRASIL. Conselho Administrativo de Defesa Econômica. Ato de concentração n. 08012.013500/2007-69, op. cit, Voto do conselheiro-relator.

Caso ECTE - Ato de concentração nº 08012.009769/2009-11[131]

O capital social da Empresa Catarinense de Transmissão de Energia (ECTE) era detido 40,01% pela Alupar, 25% pela MDU Sul Transmissão de Energia Ltda. (MDU), 21,62% pela Centrais Elétricas de Santa Catarina S.A. (CELESC) e 13,37% pela Companhia Energética de Minas Gerais S.A. (CEMIG).

A operação consistiu na aquisição de parte das ações de propriedade da MDU, equivalentes a 15% das ações ordinárias de emissão da ECTE, pela CEMIG e pela CELESC, de tal forma que a participação da Alupar ficou inalterada (40,01%), a participação da MDU ficou reduzida para 15% e as participações da CELESC e CEMIG aumentaram para 30,885% e 19,092%, respectivamente.

Embora a operação não tenha tido o condão de alterar a estrutura de controle sobre a ECTE, os conselheiros que analisaram o ato de concentração à época entenderam que houve uma alteração substantiva no processo de decisão em virtude das disposições contidas no estatuto social dessa sociedade. Nos termos do voto do conselheiro-relator Olavo Zago Chinaglia:

> A operação implica **modificação na estrutura de decisão** da ECTE e, por esse motivo, deve ser conhecida. Com efeito, certas deliberações, que de acordo com o Estatuto da ECTE dependem de quorum qualificado para aprovação, nos termos da cláusula [CONFIDENCIAL], não podiam ser tomadas, antes da operação, senão por unanimidade, pois o quorum em questão não poderia ser alcançado por apenas três dos quatro acionistas. **Com o aumento das participações da CELESC e CEMIG, o quorum acima referido passou a poder ser alcançado pela soma das participações de tais empresas com a da ALUPAR, o que alijaria a MDU do processo de deliberação sobre as matérias em questão.** Nesse sentido, **ainda que nenhum dos acionistas, individualmente, tenha adquirido o controle societário da ECTE, decorreu diretamente**

---

[131] BRASIL. Conselho Administrativo de Defesa Econômica. Ato de concentração n. 08012.009769/2009-11, Rel. Olavo Zago Chinaglia, 3 de março de 2010. Disponível em: <http://www.cade.gov.br/Default.aspx?a8889b6caa60b241d345d069fc>. Acesso em 31 mai. 2013.

da operação uma alteração substantiva no processo de decisão no âmbito da empresa.[132] (negritei)

Caso MMCB - Ato de concentração nº 08012.003043/2010-08[133]

O capital social da MMCB Automotores do Brasil S.A. (MMCB) era integralmente detido por uma pessoa física.

A operação consistiu na aquisição de 12,41% das ações de propriedae dessa pessoa física no capital social da MMCB pela BTG Alpha Investments, LLC (BTG), pertencente ao Grupo BTG Pactual.

Embora a operação não tenha tido o condão de alterar a estrutura de controle sobre a MMCB, os conselheiros que analisaram o ato de concentração à época entenderam que houve uma alteração no processo de decisão em virtude das disposições contidas no acordo de acionistas dessa sociedade. Nos termos do0 voto do conselheiro-relator Olavo Zago Chinaglia:

> Entretanto, no caso específico, observa-se uma alteração no foco decisório tendo em vista que a **adquirente não participava da empresa objeto** e, após a operação, não se pode afastar a **possibilidade de ingerência da adquirente** nas atividades da MMCB, pois **nos termos do Acordo de Acionistas da MMCB observa-se que matérias referentes à Assembléia Geral, descritas na cláusula 3.5, somente serão aprovadas mediante voto afirmativo da BTG**, quais sejam [CONFIDENCIAL]. Além disso, conforme já exposto acima, a BTG elegerá 01 membro (de um total de 05) do Conselho de Administração na Companhia [CONFIDENCIAL]. Nesse sentido, percebe-se que **os direitos concedidos à BTG lhe conferem influência sobre aspectos concorrencialmente relevantes, p.ex., a possibilidade de vetar operações de fusões e aquisições descritas no item (c) da cláusula 3.5**. Dessa forma, conclui-se que decorreu diretamente da operação uma **alteração no processo de**

---

[132] BRASIL. Conselho Administrativo de Defesa Econômica. Ato de concentração n. 08012.009769/2009-11, op. cit., Voto do conselheiro-relator.
[133] BRASIL. Conselho Administrativo de Defesa Econômica. Ato de concentração n. 08012.003043/2010-08, Rel. Olavo Zago Chinaglia, 18 de junho de 2010. Disponível em: <http://www.cade.gov.br/Default.aspx? a8889b6caa60b241d345d069fc>. Acesso em 31 mai. 2013.

decisão no âmbito da empresa, o que justifica a submissão da operação ao SBDC.[134] *(negritei)*

Caso Kaiser - Ato de concentração nº 08012.011979/2007-07[135]

A operação consistiu na aquisição, pela Heineken International B.V. (Heineken), de 17,05% do capital social da Cervejarias Kaiser Brasil S.A. (Kaiser) detido pela Latinamerican Beer Holdings Limited, de forma a aumentar a participação da Heineken na Kaiser. Em virtude desse aumento, a Heineken passou a ter o direito, com base no acordo de acionistas da Kaiser, de nomear um membro do conselho de administração e ter envolvimento estratégico sobre temas relacionados à marca Heineken.

Embora a operação não tenha tido o condão de alterar a estrutura de controle sobre a Kaiser, os conselheiros que analisaram o ato de concentração à época entenderam que houve uma discreta alteração no processo de decisão da sociedade. Nos termos do voto do conselheiro-relator Paulo Furquim de Azevedo:

> Apesar da reduzida participação acionária adquirida e da ausência de alteração no controle da Kaiser, a operação provoca mudança, ainda que pouco significativa, nas condições de concorrência, uma vez que a Heineken passa a ter o direito de indicar um membro para o Conselho de Administração da Companhia com poderes de ingerência sobre a marca Heineken, a qual integra o portfólio de produtos da Kaiser.[136]

Com base nos julgados do CADE acima, constata-se que os seguintes fatores são comumente considerados para a caracterização de influência relevante: (i) necessidade de consentimento para a realização de atos

---

[134] BRASIL. Conselho Administrativo de Defesa Econômica. Ato de concentração n. 08012.003043/2010-08, op. cit., Voto do conselheiro-relator.

[135] BRASIL. Conselho Administrativo de Defesa Econômica. Ato de concentração n. 08012.011979/2007-07, Rel. Paulo Furquim de Azevedo, 29 de novembro de 2007. Disponível em: <http://www.cade.gov.br/Default. aspx?a8889b6caa60b241d345d069fc>. Acesso em 31 mai. 2013.

[136] Ibid. Voto do conselheiro-relator.

importantes para a administração, dentre os quais foram expressamente citados a aquisição de ativos, empréstimos, celebração e distrato de contratos; (ii) alteração substantiva no processo de decisão no âmbito da sociedade; (iii) direito de vetar determinadas deliberações, como operações de fusões e aquisições; e (iv) direito de eleger membros da administração.

Percebe-se, novamente, a linha tênue que diferencia (quando se diferencia) influência relevante de algum tipo de controle concorrencial e a constante ausência de embasamento consolidado nos julgados do CADE sobre o tema.

Além disso, voltando à pergunta anteriormente feita se todo e qualquer fator seria suficiente para a caracterização de influência relevante, o CADE não parece ter um posicionamento a respeito. Em todo o caso, qualquer resposta em sentido afirmativo a tal pergunta não se revestiria de razoabilidade e causaria a subsunção de diversas operações inofensivas sob o ponto de vista concorrencial.

Feitas as considerações acima, cumpre ressaltar que a caracterização de influência relevante não é só importante para abarcar situações que levantam preocupações concorrenciais e não estão dentro do conceito de controle, mas também para a configuração de grupo econômico.

Recentemente, pode-se constatar uma tendência nos julgados do CADE de se ampliar a análise de configuração de grupo econômico atrelando-a à constatação de influência relevante e não mais limitando-a às hipóteses de controle concorrencial. Novamente, a título meramente ilustrativo e sem a pretensão de esgotar o tema, citam-se os casos Bandeirante Emergências, Totalprint, Porto Novo, Logística Brasil e Tecnicopias (atos de concentração nºs 08012.003997/2005-45[137], 08012.000476/2009-60[138],

---

[137] BRASIL. Conselho Administrativo de Defesa Econômica. Ato de concentração n. 08012.003997/2005-45, Rel. Luiz Alberto Esteves Scaloppe, 8 de novembro de 2005. Disponível em: <http://www.cade.gov.br/Default.aspx?a8889b6caa60b241d345d069fc>. Acesso em 31 mai. 2013.
[138] BRASIL. Conselho Administrativo de Defesa Econômica. Ato de concentração n. 08012.000476/2009-60, Rel. Olavo Zago Chinaglia, 12 de novembro de 2009. Disponível em: <http://www.cade.gov.br/Default.aspx?a8889b6caa60b241d345d069fc>. Acesso em 31 mai. 2013.

08012.014090/2007-73[139], 08012.002529/2007-15[140] e 08012.008415/2009-41[141], respectivamente).

No voto do caso Tecnicopias (ato de concentração nº 08012.008415/2009-41), o ex-conselheiro Carlos Emmanuel Joppert Ragazzo sintetiza o entendimento que embasa essa tendência nos termos a seguir:

> Em suma, reconheceu-se que a noção de grupo como um conjunto de sociedades agrupadas sob controle comum, noção essa mais afeita ao direito societário, era insuficiente para abarcar o objeto de preocupação do direito concorrencial. Os precedentes do CADE evidenciaram, corretamente, que a participação societária de um agente em outro, a depender do caso, pode ser suficiente para influenciar decisões estrategicamente relevantes do ponto de vista concorrencial, mesmo ante à ausência de controle isolado. Nesse sentido, fixou-se o posicionamento de que, no âmbito da Lei Antitruste, uma empresa faz parte de um grupo econômico não apenas quando este detém o controle dessa empresa, mas também quando detém influência relevante sobre as decisões da sociedade.[142]

Diante do exposto neste item, é possível extrair algumas conclusões sobre a configuração de influência relevante e seus efeitos em âmbito concorrencial. Olavo Zago Chinaglia discorre a respeito delas, fazendo expressa referência aos casos Ideias Net, Botafogo Praia Shopping e Bandeirante Emergências (AC nº 08012.010293/2004-48, AC nº 08012.013500/2007-

---

[139] BRASIL. Conselho Administrativo de Defesa Econômica. Ato de concentração n. 08012.014090/2007-73, Rel. Luis Fernando Rigato Vasconcellos, 17 de março de 2008. Disponível em: <http://www.cade.gov.br/Default.aspx?a8889b6caa60b241d345d069fc>. Acesso em 31 mai. 2013.

[140] BRASIL. Conselho Administrativo de Defesa Econômica. Ato de concentração n. 08012.002529/2007-15, Rel. Luis Fernando Rigato Vasconcellos, 24 de abril de 2008. Disponível em: <http://www.cade.gov.br/Default.aspx?a8889b6caa60b241d345d069fc>. Acesso em 31 mai. 2013.

[141] BRASIL. Conselho Administrativo de Defesa Econômica. Ato de concentração n. 08012.008415/2009-41. Rel. Carlos Emmanuel Joppert Ragazzo. 24 de fevereiro de 2010. Disponível em: <http://www.cade.gov.br/ Default. aspx?a8889b6caa60b241d345d069fc>. Acesso em 31 mai. 2013.

[142] Ibid., Voto do conselheiro-relator.

69 e AC nº 08012.003997/2005-45, respectivamente) acima comentados, nos termos a seguir:

> Essa série de julgados permite identificar os elementos caracterizadores da noção de influência relevante. O primeiro é a sua **desvinculação do conceito de poder de controle, em qualquer das suas acepções**. O poder de controle societário confere ao seu detentor a capacidade de influenciar, de forma relevante, as decisões mercadológicas da sociedade. Todavia, não é pressuposto necessário para que tal influência exista. O segundo é a sua **não transitoriedade**. O fato de uma deliberação social ter sido tomada a partir da proposição de um acionista ou cotista, de *per si*, não permite afirmar que o proponente exerça influência relevante. É preciso demonstrar que a estrutura decisória da sociedade abre margem para o **exercício contínuo e duradouro de tal influência**. São particularmente relevantes, no que diz respeito a isso, as disposições legais, estatutárias e paraestatutárias vigentes. Finalmente, **a noção de influência relevante é instrumental, no sentido de constituir uma ferramenta para caracterização de grupos econômicos** e para identificação dos incentivos pró ou anticompetitivos em uma determinada estrutura societária, o que se afigura importante não apenas em sede de controle preventivo de concentrações, mas também em sede de controle repressivo de condutas anticompetitivas, sejam unilaterais ou coordenadas.[143]

Por fim, vale concluir este item ressaltando a importância da necessidade de amadurecimento dos julgados do CADE no que tange aos critérios concretos de caracterização de influência relevante. Pois, se a amplitude do conceito já cria dificuldades para a configuração de "influência relevante" em si, como se poderá definir grupo econômico com base nele?

---

[143] CHINAGLIA, Olavo Zago. Poder de controle, influência significativa e influência relevante: breves anotações sobre a interface entre o direito societário e o direito da concorrência. In: CASTRO, Rodrigo R. Monteiro de; AZEVEDO, Luis André N. de Moura. **Poder de controle e outros temas de direito societário e mercado de capitais**. São Paulo: Editora Quartier Latin do Brasil, 2010. p. 418.

3.5.2 Participações societárias/acionárias passivas

Quando uma participação acionária/societária não confere ao seu titular controle concorrencial ou influência relevante sobre a sociedade, é geralmente denominada "participação acionária/societária passiva".

A princípio, uma participação acionária/societária passiva consiste em mero investimento financeiro sem causar maiores preocupações concorrenciais. Contudo, há casos em que, mesmo que um acionista/sócio não exerça controle concorrencial e/ou influência relevante sobre a sociedade em virtude de sua baixa participação no capital social desta, é possível que crie impactos adversos no mercado relevante, principalmente se for rival da sociedade.

O ex-conselheiro Carlos Emmanuel Joppert Ragazzo discorreu sobre o tema, de forma elogiável, no ato de concentração nº 53500.012487/2007, que analisou a aquisição indireta de ações minoritárias da Telecom Itália S.p.A. (cujo grupo econômico era controlador da Tim no Brasil) pela Telco S.p.A. (cujo grupo econômico era controlador da Vivo e Telesp no Brasil).[144] Em particular, o ex-conselheiro ressaltou que participações minoritárias passivas em concorrentes podem criar efeitos anti-concorrenciais em razão, sobretudo, do acesso à informações sensíveis e/ou do interesse no lucro do seu adversário. Nas próprias palavras do ex-conselheiro:

> "(...) o simples fato de ter um representante se sentando nas reuniões dos órgãos administrativos do concorrente pode lhe dar **acesso a informações internas de extrema importância** do ponto de vista concorrencial e estratégico, como dados de investimentos atuais e futuros, políticas comerciais, clientes, fornecedores, custos de produção, gastos com marketing, preços, inovações e toda sorte de outras matérias **cujo conhecimento por um rival pode alterar, de modo significativo, a dinâmica concorrencial de um mercado,** se suas características assim permitirem. Nesse sentido, participações minoritárias podem, em certas circunstâncias, **facilitar a colusão, explícita ou tácita, e o monitoramento da aderên-**

---

[144] BRASIL. Conselho Administrativo de Defesa Econômica. Ato de concentração n. 53500.012487/2007, Rel. Carlos Emmanuel Joppert Ragazzo, 10 de maio de 2010. Disponível em: <http://www.cade.gov.br/ Default. aspx?a8889b6caa60b241d345d069fc>. Acesso em 31 mai. 2013.

cia da empresa alvo ao arranjo colusivo. Ainda, porém, que uma participação minoritária passiva em um rival não dê ao concorrente detentor das ações o direito de indicar membros para os órgãos deliberativos da empresa alvo, nem lhe dê o direito de ter acesso a informações sensíveis, a possibilidade de efeitos anticoncorrenciais pode persistir. Isso porque (...) o mero investimento feito em seu concorrente, por meio de aquisição de quotas de seu capital, também pode, a depender das características desse investimento e de fatores mercadológicos, alterar a dinâmica concorrencial desse mercado, já que a empresa passa a ter um **interesse econômico nos lucros de seu rival, potencialmente desmotivando uma competição vigorosa por parte daquele e distorcendo a relação concorrencial anteriormente travadas entre as empresas.**[145] (*negritei*)

Por fim, o ex-conselheiro Carlos Emmanuel Joppert Ragazzo conclui o raciocínio acima com a apropriada ressalva de que a aquisição de participação em concorrentes não é uma conduta anti-competitiva em si, mas que dela podem decorrer efeitos adversos a serem apurados casuisticamente, *in verbis*:

> É importante enfatizar, contudo, que a aquisição de participações minoritárias entre rivais não é, de modo algum, uma conduta anticompetitiva *per se*. A probabilidade de que, dessas aquisições passivas, advenham efeitos concorrenciais, depende de uma série de fatores complexos, que vão desde a possibilidade de as características do mercado relevante comportarem uma conduta unilateral ou coordenada até as condições e importância da participação societária passiva em questão, conjugada com a estrutura societária e incentivos dos demais agentes atuantes no mercado.[146]

As ponderações feitas pelo ex-conselheiro Carlos Emmanuel Joppert Ragazzo acima foram aplicadas em casos posteriores de aquisição de participações minoritárias passivas entre concorrentes, destacando-se aqueles

---

[145] BRASIL. Conselho Administrativo de Defesa Econômica. Ato de concentração n. 53500.012487/2007, op. cit., Voto do conselheiro-relator.
[146] Ibid.

envolvendo o mercado relevante de cimento e serviços de concretagem, no qual o crescimento contínuo de concentração e verticalização desperta preocupações concorrenciais frequentemente.[147]

3.5.3 Regulamentação aplicável

Embora as concepções de "influência relevante" e "participações societárias/acionárias passivas" fossem assimiladas e comumente referenciadas em julgados do CADE, parâmetros específicos para determiná-las foram estabelecidos somente após o advento da Lei nº 12.529/11.

Conforme mencionado anteriormente, o artigo 90, inciso II, da Lei nº 12.529/11 determina que as aquisições de partes de empresas devem ser notificadas ao CADE se os grupos das empresas envolvidas preencherem os requisitos de faturamento indicados no artigo 88 dessa mesma lei.

O artigo 9º, inciso II, da Resolução CADE nº 02/12 esclarece que referidas "aquisições de partes" são de notificação obrigatória quando "Não acarretem aquisição de controle, mas preencham as regras *de minimis* do artigo 10". Ou seja, se a operação não resultar em alteração de controle concorrencial único majoritário, controle concorrencial único minoritário e alteração de controle concorrencial compartilhado, mas consistir na aquisição de partes de empresas nos termos do artigo 10 da Resolução CADE nº 02/12, deve ser igualmente notificada ao CADE.

De acordo com o artigo 10 da Resolução CADE nº 02/12:

---

[147] BRASIL. Conselho Administrativo de Defesa Econômica. Ato de concentração n. 08012.008947/2008-05, Rel. Carlos Emanuel Joppert Ragazzo, 29 de julho de 2010. Disponível em: <http://www.cade.gov.br/ Default. aspx?a8889b6caa60b241d345d069fc>. Acesso em 31 mai. 2013. BRASIL. Conselho Administrativo de Defesa Econômica. Ato de concentração n. 08012.008847/2005-28, Rel. Fernando de Magalhães Furlan, 30 de maio de 2008. Disponível em: <http://www.cade.gov.br/ Default. aspx?a8889b6caa60b241d345d069fc>. Acesso em 31 mai. 2013. BRASIL. Conselho Administrativo de Defesa Econômica. Ato de concentração n. 08012.008848/2005-72, Rel. Ricardo Villas Boas Cuevas, 31 de julho de 2008. Disponível em: <http://www.cade.gov.br/Default. aspx?a8889b6caa60b241 d345d069fc>. Acesso em 31 mai. 2013. BRASIL. Conselho Administrativo de Defesa Econômica. Ato de concentração n. 08012.002467/2008-22, Rel. Fernando de Magalhães Furlan, 8 de outubro de 2010. Disponível em: <http://www.cade.gov.br/Default. aspx?a8889b6caa60b241d345d0 69fc>. Acesso em 31 mai. 2013.

Nos termos do artigo 9°, II, são de notificação obrigatória ao CADE as aquisições de parte de empresa ou empresas que confiram ao adquirente o status de maior investidor individual, ou que se enquadrem em uma das seguintes hipóteses:

I – Nos casos em que a empresa investida não seja concorrente nem atue em mercado verticalmente relacionado:
a) Aquisição que confira ao adquirente titularidade direta ou indireta de 20% (vinte por cento) ou mais do capital social ou votante da empresa investida;
b) Aquisição feita por titular de 20% (vinte por cento) ou mais do capital social ou votante, desde que a participação direta ou indiretamente adquirida, de pelo menos um vendedor considerado individualmente, chegue a ser igual ou superior a 20% (vinte por cento) do capital social ou votante.
II – Nos casos em que a empresa investida seja concorrente ou atue em mercado verticalmente relacionado:
a) Aquisição que conferir participação direta ou indireta de 5% (cinco por cento) ou mais do capital votante ou social;
b) Última aquisição que, individualmente ou somada com outras, resulte em um aumento de participação maior ou igual a 5%, nos casos em que a investidora já detenha 5% ou mais do capital votante ou social da adquirida.
Parágrafo único. Para fins de enquadramento de uma operação nas hipóteses dos incisos I ou II deste artigo, devem ser consideradas: as atividades da empresa adquirente e as atividades das demais empresas integrantes do seu grupo econômico conforme definição do artigo 4° dessa Resolução.

O *caput* do artigo 10 da Resolução CADE n° 02/2012 estabelece duas hipóteses em que a aquisição de partes é de subsunção obrigatória: (i) quando referida aquisição confira ao adquirente o status de maior investidor individual; ou (ii) se enquadre nas regras *de minimis* estabelecidas nos incisos I e II.

Com relação a primeira hipótese, vale destacar a amplitude da expressão "maior investidor individual". Entende-se, de imediato, que "maior investidor individual" seja aquele que, isoladamente, detenha a maior participação acionária/societária em comparação com os demais acionistas/sócios. Contudo, como já ressaltado, nem toda participação acionária/societária majoritária é relevante a efeitos concorrenciais. Basta relembrar exemplos clássicos dessa afirmação: (i) o acionista/sócio detentor de participação acionária/societária majoritária em uma sociedade com capital social extremamente pulverizado ou (ii) o acionista detentor de 50% das ações emitidas por uma sociedade por ações, sendo todas elas preferenciais sem direito a voto, na ausência de outros fatores. Portanto, a mera referência a "maior investidor individual", sem qualquer critério de filtro, pode ocasionar a submissão de operações desnecessariamente.

Com relação a segunda hipótese, o artigo 10 da Resolução CADE nº 02/2012 determina parâmetros específicos para a caracterização de subsunção obrigatória, conforme haja ou não uma relação de concorrência ou atuação em mercado verticalmente relacionado entre o adquirente e a sociedade, a saber:

(a) inexistência de concorrência e relação vertical

Quando o adquirente e a sociedade não são concorrentes entre si (ou seja, não oferecem o mesmo produto ou serviço no mercado relevante) nem atuam em mercado verticalmente relacionado (ou seja, não oferecem produtos ou serviços distintos que fazem parte da mesma cadeia produtiva), a operação deve ser notificada se: (i) o adquirente se tornar o titular, direta ou indiretamente, de ao menos 20% do capital social total ou votante da sociedade; ou (ii) o adquirente já fosse titular de, no mínimo, 20% do capital social total ou votante da sociedade e adquirisse, direta ou indiretamente, 20% ou mais do capital social total ou votante de pelo menos um vendedor.

Percebe-se, portanto, que em situações de inexistência de concorrência e relação vertical entre a sociedade e o adquirente, há uma presunção de que a aquisição ou venda de participações societárias/acionárias iguais ou superiores a 20% do capital social total ou votante pode alterar o foco de influência relevante sobre a sociedade.

Não obstante, diante do exposto nos itens anteriores, sabe-se que a porcentagem no capital social de uma sociedade não é o único fator a ser ponderado para se apurar eventual alteração de influência relevante sobre a sociedade. Inclusive, cita-se como exemplo o Caso MMCB (ato de concentração nº 08012.003043/2010-08) acima discutido, que considerou de subsunção obrigatória a aquisição de 12,41% do capital votante de uma sociedade, por adquirente não concorrente e sem atuação em mercado verticalmente relacionado, em virtude de alteração no processo de decisão na sociedade em questão, nos termos do acordo de acionistas.

Portanto, ao estabelecer somente o parâmetro de participação acionária/societária para a configuração de subsunção obrigatória, a redação do artigo 10, inciso I, da Resolução CADE nº 02/2012 pode abrir margem para que os participantes de operações que não se enquadrem exatamente nesse requisito, mas que levantem as mesmas preocupações concorrenciais, tentem esquivar-se de notificá-las.

(b) existência de concorrência ou relação vertical

Quando o adquirente e a sociedade são concorrentes entre si (ou seja, oferecem o mesmo produto ou serviço no mercado relevante) ou atuam em mercado verticalmente relacionado (ou seja, oferecem produtos ou serviços distintos que fazem parte da mesma cadeia produtiva), a operação deve ser notificada se: (i) o adquirente se tornar o titular, direta ou indiretamente, de ao menos 5% do capital social total ou votante da sociedade; ou (ii) o adquirente já fosse titular de, no mínimo, 5% do capital social total ou votante da sociedade e aumentasse a sua participação, por meio de uma série de aquisições, em 5% ou mais do capital social total ou votante.

Verifica-se, portanto, que em situações de concorrência ou relação vertical entre a sociedade e o adquirente, o legislador regulamentou a preocupação sobre as aquisições de "participações societárias/acionárias minoritárias passivas", conforme ilustrada pelo ex-conselheiro Carlos Emmanuel Joppert Ragazzo (item 3.4.2 acima), fixando um percentual mínimo de 5% para torná-las de subsunção obrigatória.

Por fim, vale salientar que a participação acionária/societária passiva que consiste meramente em investimento financeiro continua, mesmo sob a égide da Lei nº 12.529/11, sem regulamentação. Por uma linha de raciocínio excludente, pode-se até considerar que a participação acionária/societária que não se enquadre nos termos do artigo 10, da Resolução CADE nº 02/2012, seja considerada como tal. Contudo, até que um posicionamento oficial não seja adotado sobre o tema, a situação ora discutida pode gerar incertezas e submissões de operações desnecessárias ao CADE.

CONCLUSÃO

Concluído o estudo dos Capítulos anteriores, transformo em pergunta o escopo desta monografia: "Qual o entendimento do CADE sobre a caracterização de atos de concentração por aquisição de controle?". Ou seria melhor refazer a pergunta para: "Terá o CADE um entendimento sobre a caracterização de atos de concentração por aquisição de controle?".

Como já colocado na Introdução, é certo que pode haver alteração de controle de uma sociedade a efeitos concorrenciais ainda que esta alteração não se enquadre na definição de controle prevista na legislação societária. Contudo, parece-me permanecer ainda incerto ao CADE o quê seria uma alteração de controle a efeitos concorrenciais não enquadrada na definição de controle prevista na legislação societária.

Em temas relacionados ao controle de sociedades para fins concorrenciais, o CADE faz referência não só a "controle" (que, por si só, já reflete a maioria das polêmicas aqui suscitadas), mas também a "influência dominante" e "influência relevante", sendo que a maioria de seus julgados ora usa tais terminologias de forma indistinta ora de forma distinta sem qualquer fundamentação.

Dos poucos julgados que entram no mérito da diferenciação dessas terminologias e, ainda assim considerando somente os aspectos até certo grau pacíficos entre eles, podem-se extrair as seguintes premissas como base de discussão:

- Controle societário a efeitos concorrenciais é associado à, e tratado como sinônimo de, influência dominante.

- Influência dominante é aquela exercida de forma habitual sobre o planejamento e a política comercial de sociedades, em particular, no que tange à pesquisa e desenvolvimento, investimento, produção e vendas.

- A influência dominante não se confunde com a influência relevante, uma vez que esta não é dominante a ponto de controlar a sociedade, mas é suficiente para induzir suas práticas comerciais e atuação no mercado.

- Ao contrário do controle concorrencial/influência dominante que exige a combinação de uma série de fatores que evidencie a possibilidade de se determinar a totalidade, ou parte preponderante, das decisões comerciais e estratégicas da sociedade, a constatação de apenas um fator que demonstre a possibilidade de se influenciar parte de tais decisões já seria suficiente para a configuração de influência relevante.

- Não obstante, os julgados do CADE não costumam expor e detalhar o quê, na prática, traduziria o conceito teórico de influência dominante e influência relevante. Muitas vezes, os julgados do CADE fazem referência a um fator ou outro em concreto, mas não desenvolvem um raciocínio completo envolvendo, no mínimo, todos ou grande parte dos elementos societários internos abordados no Capítulo 2.

- Faço um breve parêntesis aqui para citar alguns exemplos a título ilustrativo, ressaltando infelizmente que estão longe de ser taxativos quanto à problemática acima exposta:

- o direito de um acionista/sócio nomear administradores. Raros são os julgados que se aprofundam na análise do caso em concreto para apurar se o direito de tal acionista/sócio nomear administradores lhe concederia a possibilidade de determinar ou induzir a política comercial da sociedade considerando sua estrutura organizacional e disposições estatutárias/contratuais. De fato, neste aspecto, a compreensão do CADE era tão limitada que a Súmula CADE nº

02/2007 indica a nomeação de administradores como se este fato isolado já fosse capaz de causar impactos anti-concorrenciais.

- a possibilidade de se determinar ou induzir a política comercial. A maioria dos julgados cita esse fator, mas dificilmente apresenta uma análise minuciosa acerca do tema. Quando muito, os julgados mencionam direito de veto ou necessidade de voto favorável de um acionista/sócio para a adoção de determinadas matérias. Mas quais matérias? Qual o contexto? Qual a estrutura organizacional e estatutária/contratual da sociedade?

A superficialidade com a qual a maioria dos julgados do CADE é escrita aumenta ainda mais a insegurança dos administrados quanto à classificação concorrencial das operações societárias e da obrigatoriedade de notificação das mesmas.

Nem se pode ingenuamente ainda pensar que controle se possa configurar, em alguns casos, ao se excluir a figura de influência relevante da operação em questão. Há uma tendência de se aplicar o conceito de influência relevante para a identificação dos grupos econômicos e a identificação dos grupos econômicos é necessária em toda e qualquer operação, principalmente naquelas que envolvem alteração de controle.

Neste ponto, faço as seguintes indagações: é razoável que todo e qualquer fator seja suficiente para a caracterização de influência relevante? Se a amplitude do conceito já cria dificuldades para a configuração de influência relevante em si, como se poderá definir grupo econômico com base nele? Em um cenário em que os parâmetros para configuração de controle, influência relevante e grupos econômicos não são claros e/ou são demasiadamente vagos, como se poderá alcançar uma redução realista e significativa com relação à apresentação de operações ao CADE que não levantem preocupações concorrenciais?

No que pesem todas as críticas e observações feitas no decorrer desta monografia, é indiscutível que a Lei nº 12.529/11 e sua atual regulamentação simbolizam um elogiável avanço na legislação concorrencial brasileira. Contudo, não poderia deixar de concluir esta monografia ressaltando a importância da revisão legal e regulatória, bem como do urgente amadurecimento dos julgados do CADE sobre a caracterização de controle (incluindo seus tipos: único majoritário, único minoritário e compartilhado) e influência relevante. No meu entendimento, tais medidas são cruciais tanto para garantir maior segurança jurídica aos administrados quanto às operações societárias de subsunção obrigatória, como para proporcionar maior eficiência ao CADE, que passaria a focar sua análise em operações efetivamente relevantes sob o prisma concorrencial.

REFERÊNCIAS

ANDERS, Eduardo Caminati. Do controle de concentrações. In: CORDOVIL, Leonor A.G. et al. **Nova Lei de Defesa da Concorrência Comentada**. São Paulo: Editora Revista dos Tribunais, 2012. p. 203.

ANTUNES, José Engrácia. Estrutura e responsabilidade da empresa: O moderno paradoxo regulatório. **Revista Direito GV**, v.1, n. 2, p. 29 - 68, 2005.

BERLE, Adolf A.; MEANS, Gardiner C. **The modern corporation and private property**. U.S.A: Transaction Publishers, 1968. 380 p.

BORCHARDT, Klaus-Dieter. **The ABC of European Union Law**. Alemanha: Publications Office of the European Union, 2010. 131 p.

BRASIL. BM&FBovespa. **Estatísticas das aberturas de capital na BM&FBOVESPA a partir de 2004**. Disponível em: <http://www.bmfbovespa.com.br/cias-listadas/consultas/ipos-recentes/ipos-recentes.aspx? Idioma=pt-br>. Acesso em 15 jan. 2013.

BRASIL. BM&FBovespa. **Lista de companhias listadas no segmento do Novo Mercado da Bovespa**. Disponível em: <http://www.bmfbovespa.com.br/ciaslistadas/empresas-listadas/ BuscaEmpresaLista da.aspx?idioma=pt-br>. Acesso em 15 jan. 2013.

BRASIL. Conselho Administrativo de Defesa Econômica. Assessoria de comunicação do CADE. **Presidenta sanciona lei que cria Novo Cade**. Brasília, 2011: Sala de Notícias. Disponível em: <http://www.cade.gov.br/Default.aspx?79cc5dac44d92ef5004de7471b>. Acesso em: 5 jun. 2012.

BULGARELLI, Waldirio. **Concentração de Empresas e Direito Antitruste**. 3ª edição. São Paulo: Editora Atlas S.A., 1997. 343 p.

CARVALHO, Nuno T. P. **As concentrações de empresas no direito antitruste**. São Paulo: Resenha Tributária, 1995.

CARVALHOSA, Modesto. **Comentários à lei de sociedades anônimas**. 5ª edição. São Paulo: Editora Saraiva, 2011. v. 1, 968 p.

CARVALHOSA, Modesto. **Comentários à lei de sociedades anônimas**. 5ª edição. São Paulo: Editora Saraiva, 2011. v. 2, 1.088 p.

CARVALHOSA, Modesto. **Comentários ao Código Civil:** Parte Especial – Do direito de empresa. São Paulo: Editora Saraiva, 2003. v. 13. 840 p.

CHINAGLIA, Olavo Zago. Poder de controle, influência significativa e influência relevante: breves anotações sobre a interface entre o direito societário e o direito da concorrência. In: CASTRO, Rodrigo R. Monteiro de; AZEVEDO, Luis André N. de Moura. **Poder de controle e outros temas de direito societário e mercado de capitais**. São Paulo: Editora Quartier Latin do Brasil, 2010. 411-420 p.

COELHO, Fábio Ulhoa. **Curso de direito comercial:** Direito de empresa. 11ª edição. São Paulo: Editora Saraiva, 2008. v. 2. 516. p.

COELHO, Fábio Ulhoa. O conceito de poder de controle na disciplina jurídica da concorrência. In: WALD, Arnoldo. **Doutrinas essenciais:** direito empresarial. São Paulo: Editora Revista dos Tribunais Ltda., 2011. v. 3, cap. 40, 701-710 p.

COMPARATO, Fábio Konder. SALOMÃO FILHO, Calixto. **O Poder de controle na sociedade anônima**. 4ª edição. Rio de Janeiro: Editora Forense, 2005. p. 597.

EIZIRIK, Nelson. **A Lei das S/A Comentada**. São Paulo: Editora Quartier Latin do Brasil, 2011. V. 3. 640 p.

FERRAZ JÚNIOR, Tércio Sampaio. A economia e o controle do Estado. **O Estado de São Paulo**, São Paulo, 04 jun. 1989. p. 50.

FONSECA, José Júlio Borges da. **Direito Antitruste e Regime das Concentrações Empresariais**. São Paulo: Editora Atlas S.A., 1997. 184 p.

FORGIONI, Paula A. **Os fundamentos do antitruste**. 3ª edição. São Paulo: Editora Revista dos Tribunais, 2008. 571 p.

LAZZARESCHI NETO, Alfredo Sérgio. **Lei das sociedades por ações anotada**. 3ª edição. São Paulo: Editora Saraiva, 2010. 756 p.

LAMY FILHO, Alfredo. **Temas de S/A**. Rio de Janeiro: Editora Renovar, 2007, 452 p.

LEÃO JR., Luciano de Souza. Eleição por voto múltiplo. In: LAMY FILHO, Alfredo; PEDREIRA, José Luiz Bulhões (Coord.). **Direito das companhias**. Rio de Janeiro: Editora Forense. v. 1, 1.045 – 1.049 p.

LEVY, Nicholas. **European Merger Control Law**: A Guide to the Merger Regulation. Reino Unido: Lexis Nexis, 2010.

LOBO, Jorge. Direito dos grupos de sociedades. **Revista de Direito Mercantil, Industrial, Econômico e Financeiro**, São Paulo, v. 107, p. 99 - 122, 1997.

MARTINS, Frans. **Comentários à lei das sociedades anônimas:** artigo por artigo. 4ª edição. Rio de Janeiro: Editora Forense, 2010. 1228 p.

MIRANDA, Pontes de. **Tratado de direito privado:** Parte especial. 3ª edição. Rio de Janeiro: Editor Borsoi, 1972. v. 51.

MUNHOZ, Eduardo Secchi. **Empresa contemporânea e direito societário:** Poder de controle e grupos de sociedades. São Paulo: Editora Juarez de Oliveira Ltda., 2002. 360 p.

MUNHOZ, Eduardo Secchi. Transferência de controle nas companhias sem controlador majoritário. In: CASTRO, Rodrido R. Monteiro de; AZEVEDO, Luis André N. de Moura (Coord.). **Poder de controle e outros temas de direito societário e mercado de capitais**. São Paulo: Editora Quartier Latin do Brasil, 2010. 285-325 p.

OECD. Antitrust issues involving minority shareholding and interlocking directorates. 2009. Disponível em: <http://www.oecd.org/competition/mergers/41774055.pdf>. Acesso em: 16 de novembro de 2012.

PAULA, Germano Mendes de; ROMANIELO, Enrico Spini. Corporations à brasileira. In: SECURATO, José Claudio (Coord.). **Governança Corporativa:** Estrutura de controles societários. São Paulo: Editora Saint Paul, 2009. 57-79 p.

PEDREIRA, José Luiz Bulhões. LAMY FILHO, Alfredo. Estrutura da companhia. In: LAMY FILHO, Alfredo; PEDREIRA, José Luiz Bulhões (Coord.). **Direito das companhias**. Rio de Janeiro: Editora Forense. v. 1. 776-870 p.

PEDREIRA, José Luiz Bulhões. Direito dos acionistas. In: LAMY FILHO, Alfredo; PEDREIRA, José Luiz Bulhões (Coord.). **Direito das companhias**. Rio de Janeiro: Editora Forense. 2009. v. 2. 1921 – 1950 p.

PENTEADO, Mauro Bardawil. **O penhor de ações no direito brasileiro**. São Paulo: Malheiros Editores Ltda, 2008. 223 p.

PRADO, Viviane Muller; TRONCOSO, Maria Clara. Análise do fenômeno dos grupos de empresas na jurisprudência do STJ. **Revista do Direito Bancário e do Mercado de Capitais**. São Paulo, n. 40, p. 97-120, 2008.

REGO, Marcelo Lamy. Titular do direito de voto. In: LAMY FILHO, Alfredo; PEDREIRA, José Luiz Bulhões (Coord.). **Direito das companhias**. Rio de Janeiro: Editora Forense. v. 1, p. 389-402.

SALOMÃO FILHO, Calixto. **Direito concorrencial**: As estruturas. 3ª edição. São Paulo: Malheiros Editores, 2007. 400 p.

SALOMÃO FILHO, Calixto. **Regulação e concorrência:** Estudos e pareceres. São Paulo: Malheiros Editores, 2002. 208 p.

SILVA, José Afonso da. **Curso de direito constitucional positivo**. 32ª edição. São Paulo: Malheiros Editores, 2009. 926 p.

Legislação

Comunicação Consolidada da Comissão Europeia em Matéria Concorrencial sobre o Regulamento CE nº 139/2004, JOUE 16.04.2008.

Constituição da República Federativa do Brasil (1988), DOU 05.10.1988.

Exposição de Motivos nº 196, de 24 de junho de 1976, do Ministério da Fazenda - Exposição de Motivos da Lei nº 6.404/76

Instrução da Comissão de Valores Mobiliários nº 361, de 5 de março de 2002, DOU 06.03.2002 - Dispõe sobre o procedimento aplicável às ofertas públicas de aquisição de ações de companhia aberta, dentre outros temas.

Lei nº 10.303, de 31 de outubro de 2001, DOU 01.11.2001 - Altera a Lei nº 6.404/76 e a Lei nº 6.385/76.

Lei nº 10.406, de 10 de janeiro de 2002, DOU 11.01.2002 - Código Civil.

Lei nº 11.941, de 27 de maio de 2009, DOU 28/05/2009 - Altera a Lei nº 6.404/76.

Lei nº 12.529, de 30 de novembro de 2011, DOU 01.12.2011 - Estruturou o Sistema Brasileiro de Defesa da Concorrência e dispõe sobre a prevenção e repressão às infrações contra a ordem econômica.

Lei nº 6.385, de 7 de dezembro de 1976, DOU 09.12.1976 - Dispõe sobre o mercado de valores mobiliários e criou a Comissão de Valores Mobiliários.

Lei nº 6.404, de 15 de dezembro de 1976, DOU 17.12.1976 - Dispõe sobre as sociedades por ações.

Lei nº 8.884, de 11 de junho de 2004, DOU 13.06.1994 - Transformou o Conselho Administrativo de Defesa Econômica em autarquia e dispõe sobre a prevenção e a repressão às infrações contra a ordem econômica.

Regulamento da Comissão Europeia nº 139, de 20 de janeiro de 2004, JOUE 29.01.2004 - Dispõe sobre o controle de concentrações de empresas.

Resolução do Conselho Administrativo de Defesa Econômica nº 01, de 29 de maio de 2012, DOU 31.05.2012 - Aprova o regimento interno do Conselho Administrativo de Defesa Econômica.

Resolução do Conselho Administrativo de Defesa Econômica nº 02, de 29 de maio de 2012, DOU 31.05.2012 - Disciplina os procedimentos de notificação dos atos da Lei nº 12.529/11.

Resolução do Conselho Administrativo de Defesa Econômica nº 15, de 19 de agosto de 1998, DOU 28.08.1998 - Disciplinou as formalidades e os procedimentos no Conselho Administrativo de Defesa Econômica relativos a Lei nº 8.884/94.

Jurisprudência

BRASIL. Comissão de Valores Mobiliários. PAS CVM RJ 2005/0098, Rel. Diretor Sergio Weguelin, 18 de dezembro de 2007. Disponível em: <http://www.cvm.gov.br/port/inqueritos/2007/rordinario/inqueritos/Res_RJ2005-0098.asp>. Acesso em: 31 mai 2013.

BRASIL. Comissão de Valores Mobiliários. Proc. RJ 2001/7547, Reg. n. 3412/2001, Rel. Diretor Wladimir Castelo Branco Castro, 25 de junho de 2002. Disponível em: <http://www.cvm.gov.br/port/descol/resp.asp?File=2002-029D16072002.htm>. Acesso em 31 mai. 2013.

BRASIL. Comissão de Valores Mobiliários. Proc. RJ 2005/4069, Reg. n. 4788/2005, Rel. Diretor Pedro Marcilio, 11 de abril de 2006. Disponível em: http://www.cvm.gov.br/port/descol/respdecis.asp?File=4788-0.HTM. Acesso em: 31 mai. 2013.

BRASIL. Conselho Administrativo de Defesa Econômica. Ato de Concentração n. 08012.010455/2008-71, Rel. Fernando de Magalhães Furlan, Declaração de Voto de Arthur Badin, 9 de fevereiro de 2009. Disponível em: <http://www.cade.gov.br/Default.aspx? a8889b6caa60b241d345d069fc>. Acesso em: 31 mai. 2013.

BRASIL. Conselho Administrativo de Defesa Econômica. Ato de concentração n. 08012.009725/2011-05, Rel. Ricardo Machado Ruiz, 25 de novembro de 2011. Disponível em: <http://www.cade.gov.br/Default.aspx?a8889b6caa60b241d345d069fc>. Acesso em: 31. Mai. 2013.

BRASIL. Conselho Administrativo de Defesa Econômica. Ato de concentração n. 08012.009729/2011-85, Rel. Elvino de Carvalho Mendonça, 11 de novembro de 2011. Disponível em: <http://www.cade.gov.br/Default.aspx?a8889b6caa60b241d345d069fc>. Acesso em: 31 mai. 2013.

BRASIL. Conselho Administrativo de Defesa Econômica. Ato de concentração n. 08012.001607/2009-26, Rel. Olavo Zago Chinaglia, 5 de maio de 2009. Disponível em: <http://www.cade.gov.br/Default.aspx?a8889b 6caa60b241d345d069fc>. Acesso em 31 mai. 2013.

BRASIL. Conselho Administrativo de Defesa Econômica. Ato de concentração n. 08012.009852/2011-04, Rel. Marcos Paulo Verissimo, 16 de março de 2012. Disponível em: <http://www.cade.gov.br/Default.aspx? a8889b6caa60b241d345d069fc>. Acesso em 31 mai. 2013.

BRASIL. Conselho Administrativo de Defesa Econômica. Ato de concentração n. 08012.005932/2003-72, Rel. Cleveland Prates Teixeira, 28 de novembro de 2003. Disponível em: <http://www.cade.gov.br/ Default.aspx? a8889b6caa60b241d345d069fc>. Acesso em 31 mai. 2013.

BRASIL. Conselho Administrativo de Defesa Econômica. Ato de concentração n. 53500.006612/2002, Rel. Fernando de Oliveira Marques, 29 de março de 2004. Disponível em: <http://www.cade.gov.br/ Default.aspx? a8889b6caa60b241d345d069fc>. Acesso em 31 mai. 2013.

BRASIL. Conselho Administrativo de Defesa Econômica. Ato de concentração n. 08012.003096/2003-91. Rel. Miguel Tebar Barrionuevo. 21 de janeiro de 2004. Disponível em: <http://www.cade.gov.br/ Default.aspx? a8889b6caa60b241d345d069fc>. Acesso em 31 mai. 2013.

BRASIL. Conselho Administrativo de Defesa Econômica. Ato de concentração nº 08012.000383/2004-21, Rel. Cleveland Prates Teixeira. 4 de junho de 2004. Disponível em: <http://www.cade.gov.br/ Default.aspx? a8889b6caa60b241d345d069fc>. Acesso em 31 mai. 2013.

BRASIL. Conselho Administrativo de Defesa Econômica. Ato de concentração n. 08012.002992/2004-14, Rel. Roberto Augustos Castellanos Pfeiffer, 24 de fevereiro de 2005. Disponível em: <http://www.cade.gov.br/ Default.aspx? a8889b6caa60b-241d345d069fc>. Acesso em 31 mai. 2013.

REFERÊNCIAS

BRASIL. Conselho Administrativo de Defesa Econômica. Ato de concentração n. 08012.011220/2005-54, Rel. Paulo Furquim de Azevedo, 6 de abril de 2006. Disponível em: <http://www.cade.gov.br/ Default.aspx? a8889b6caa60b241d345d069fc>. Acesso em 31 mai. 2013.

BRASIL. Conselho Administrativo de Defesa Econômica. Ato de concentração n. 08012.000321/2006-81, Rel. Paulo Furquim de Azevedo, 17 de abril de 2006. Disponível em: <http://www.cade.gov.br/ Default.aspx? a8889b6caa60b241d345d069fc>. Acesso em 31 mai. 2013.

BRASIL. Conselho Administrativo de Defesa Econômica. Ato de concentração n. 53500.014636/2005, Rel. Luis Fernando Rigato Vasconcellos, 18 de maio de 2006. Disponível em: <http://www.cade.gov.br/ Default.aspx? a8889b6caa60b241d345d069fc>. Acesso em 31 mai. 2013.

BRASIL. Conselho Administrativo de Defesa Econômica. Ato de concentração n. 08012.007389/2006-91, Rel. Abraham Benzaquem Sicsú, 15 de dezembro de 2006. Disponível em: <http://www.cade.gov.br/ Default.aspx? a8889b6caa60b241d345d069fc>. Acesso em 31 mai. 2013.

BRASIL. Conselho Administrativo de Defesa Econômica. Ato de concentração n. 08012.002461/2009-36, Rel. Olavo Zago Chinaglia, 16 de junho de 2009. Disponível em: <http://www.cade.gov.br/Default.aspx? a8889b6caa60b241d345d069fc>. Acesso em 31 mai. 2013.

BRASIL. Conselho Administrativo de Defesa Econômica. Ato de concentração n. 08012.010293/2004-48, Rel. Luiz Alberto Esteves Scaloppe, 24 de fevereiro de 2006. Disponível em: <http://www.cade.gov.br/Default.aspx? a8889b6caa60b-241d345d069fc>. Acesso em 31 mai. 2013.

BRASIL. Conselho Administrativo de Defesa Econômica. Ato de concentração n. 08012.000704/2000-56, Rel. Thompson Almeida Andrade, 13 de setembro de 2000. Disponível em: <http://www.cade.gov.br/Default.aspx?a8889 b6caa60b-241d345d069fc>. Acesso em 31 mai. 2013.

BRASIL. Conselho Administrativo de Defesa Econômica. Ato de concentração n. 08012.004774/2001-71, Rel. Thompson Almeida Andrade, 25 de outubro de 2002. Disponível em: <http://www.cade.gov.br/Default.aspx?a8889 b6caa60b241d345d069fc>. Acesso em 31 mai. 2013.

BRASIL. Conselho Administrativo de Defesa Econômica. Ato de concentração n. 08012.006397/2001-13, Rel. Roberto Augustos Castellanos Pfeifer, 22 de fevereiro de 2002. Disponível em: <http://www.cade.gov.br/Default.aspx?a8889 b6caa60b-241d345d069fc>. Acesso em 31 mai. 2013.

BRASIL. Conselho Administrativo de Defesa Econômica. Ato de concentração n. 08012.007702/2003-48, Rel. Fernando de Oliveira Marques, 12 de maio de 2004. Disponível em: <http://www.cade.gov.br/Default.aspx?a8889 b6caa60b241d345d069fc>. Acesso em 31 mai. 2013.

BRASIL. Conselho Administrativo de Defesa Econômica. Ato de concentração n. 08012.009636/2003-41; Rel. Fernando de Oliveira Marques, 11 de junho de 2004. Disponível em: <http://www.cade.gov.br/Default.aspx?a8889 b6caa60b241d345d069fc>. Acesso em 31 mai. 2013.

BRASIL. Conselho Administrativo de Defesa Econômica. Ato de concentração n. 08012.011609/2006-81, Rel. Luis Fernando Rigato Vasconcellos, 23 de março de 2007. Disponível em: <http://www.cade.gov.br/Default.aspx?a8889 b6caa60b-241d345d069fc>. Acesso em 31 mai. 2013.

BRASIL. Conselho Administrativo de Defesa Econômica. Ato de concentração n. 08012.011607/2006-91, Rel. Paulo Furquim de Azevedo, 16 de abril de 2007. Disponível em: <http://www.cade.gov.br/Default.aspx?a8889 b6caa60b241d345d069fc>. Acesso em 31 mai. 2013.

BRASIL. Conselho Administrativo de Defesa Econômica. Ato de concentração n. 08012.000030/2007-73, Rel. Luiz Carlos Thadeu Delorme Prado, 26 de abril de 2007. Disponível em: <http://www.cade.gov.br/Default.aspx?a8889 b6caa60b-241d345d069fc>. Acesso em 31 mai. 2013.

BRASIL. Conselho Administrativo de Defesa Econômica. Ato de concentração n. 08012.014557/2007-85, Rel. Ricardo Villas Boas Cuevas, 9 de abril de 2008. Disponível em: <http://www.cade.gov.br/Default.aspx?a8889 b6caa60b241d345d069fc>. Acesso em 31 mai. 2013.

BRASIL. Conselho Administrativo de Defesa Econômica. Ato de concentração n. 08012.008946/2008-52, Rel. Paulo Furquim de Azevedo, 31 de outubro de 2008. Disponível em: <http://www.cade.gov.br/Default.aspx?a8889 b6caa60b241d345d069fc>. Acesso em 31 mai. 2013.

BRASIL. Conselho Administrativo de Defesa Econômica. Ato de concentração n. 08012.000395/2010-01, Rel. Ricardo Machado Ruiz, 4 de fevereiro de 2010. Disponível em: <http://www.cade.gov.br/Default.aspx?a8889 b6caa60b241d345d069fc>. Acesso em 31 mai. 2013.

BRASIL. Conselho Administrativo de Defesa Econômica. Ato de concentração n. 08012.008130/2010-43, Rel. Olavo Zago Chinaglia, 20 de setembro de 2010. Disponível em: <http://www.cade.gov.br/Default.aspx?a8889 b6caa60b241d345d069fc>. Acesso em 31 mai. 2013.

REFERÊNCIAS

BRASIL. Conselho Administrativo de Defesa Econômica. Ato de concentração n. 08012.011047/2004-11, Rel. Luis Fernando Rigato Vasconcellos, Embargos de declaração, 15 de janeiro de 2008. Disponível em: <http://www.cade.gov.br/Default.aspx?a8889b6caa60b241d345d069fc>. Acesso em 31 mai. 2013.

BRASIL. Conselho Administrativo de Defesa Econômica. Ato de concentração n. 08012.008827/2008-08, Rel. Fernando de Magalhães Furlan. Julgamento 7 de novembro de 2008. Disponível em: <http://www.cade.gov.br/Default.aspx? a8889b6caa60b241d345d069fc>. Acesso em 31 mai. 2013.

BRASIL. Conselho Administrativo de Defesa Econômica. Ato de concentração n. 08012.007258/2010-90, Rel. Vinícius Marques de Carvalho, 4 de outubro de 2010. Disponível em: <http://www.cade.gov.br/ Default.aspx? a8889b6caa60b241d345d069fc>. Acesso em 31 mai. 2013.

BRASIL. Conselho Administrativo de Defesa Econômica. Ato de concentração n. 08012.008476/2006-65, Rel. Abraham Benzaquem Sicsú, 20 de agosto de 2007. Disponível em: <http://www.cade.gov.br/ Default.aspx? a8889b6caa60b241d345d069fc>. Acesso em 31 mai. 2013.

BRASIL. Conselho Administrativo de Defesa Econômica. Ato de concentração nº 08012.013500/2007-69, Rel. Paulo Furquim de Azevedo, 16 de outubro de 2008. Disponível em: <http://www.cade.gov.br/ Default.aspx? a8889b6caa60b241d345d069fc>. Acesso em 31 mai. 2013.

BRASIL. Conselho Administrativo de Defesa Econômica. Ato de concentração n. 08012.009769/2009-11, Rel. Olavo Zago Chinaglia, 3 de março de 2010. Disponível em: <http://www.cade.gov.br/Default.aspx? a8889b6caa60b241d345d069fc>. Acesso em 31 mai. 2013.

BRASIL. Conselho Administrativo de Defesa Econômica. Ato de concentração n. 08012.003043/2010-08, Rel. Olavo Zago Chinaglia, 18 de junho de 2010. Disponível em: <http://www.cade.gov.br/Default.aspx? a8889b6caa60b241d345d069fc>. Acesso em 31 mai. 2013.

BRASIL. Conselho Administrativo de Defesa Econômica. Ato de concentração n. 08012.011979/2007-07, Rel. Paulo Furquim de Azevedo, 29 de novembro de 2007. Disponível em: <http://www.cade.gov.br/Default. aspx?a8889b6caa60b241d345d069fc>. Acesso em 31 mai. 2013.

BRASIL. Conselho Administrativo de Defesa Econômica. Ato de concentração n. 08012.003997/2005-45, Rel. Luiz Alberto Esteves Scaloppe, 8 de novembro de 2005. Disponível em: <http://www.cade.gov.br/Default.aspx?a8889b6caa60b241d345d069fc>. Acesso em 31 mai. 2013.

BRASIL. Conselho Administrativo de Defesa Econômica. Ato de concentração n. 08012.000476/2009-60, Rel. Olavo Zago Chinaglia, 12 de novembro de 2009. Disponível em: <http://www.cade.gov.br/Default. aspx?a8889b6caa60b241d345d069fc>. Acesso em 31 mai. 2013.

BRASIL. Conselho Administrativo de Defesa Econômica. Ato de concentração n. 08012.014090/2007-73, Rel. Luis Fernando Rigato Vasconcellos, 17 de março de 2008. Disponível em: <http://www.cade.gov.br/Default. aspx?a8889b6caa60b241d345d069fc>. Acesso em 31 mai. 2013.

BRASIL. Conselho Administrativo de Defesa Econômica. Ato de concentração n. 08012.002529/2007-15, Rel. Luis Fernando Rigato Vasconcellos, 4 de abril de 2008. Disponível em: <http://www.cade.gov.br/Default. aspx?a8889b6caa60b241d345d069fc>. Acesso em 31 mai. 2013.

BRASIL. Conselho Administrativo de Defesa Econômica. Ato de concentração n. 08012.008415/2009-41. Rel. Carlos Emmanuel Joppert Ragazzo. 24 de fevereiro de 2010. Disponível em: <http://www.cade.gov.br/ Default. aspx?a8889b6caa60b241d345d069fc>. Acesso em 31 mai. 2013.

BRASIL. Conselho Administrativo de Defesa Econômica. Ato de concentração n. 53500.012487/2007, Rel. Carlos Emmanuel Joppert Ragazzo, 10 de maio de 2010. Disponível em: <http://www.cade.gov.br/ Default. aspx?a8889b6caa60b241d345d069fc>. Acesso em 31 mai. 2013.

BRASIL. Conselho Administrativo de Defesa Econômica. Ato de concentração n. 08012.008947/2008-05, Rel. Carlos Emanuel Joppert Ragazzo, 29 de julho de 2010. Disponível em: <http://www.cade.gov.br/ Default. aspx?a8889b6caa60b241d345d069fc>. Acesso em 31 mai. 2013.

BRASIL. Conselho Administrativo de Defesa Econômica. Ato de concentração n. 08012.008847/2005-28, Rel. Fernando de Magalhães Furlan, 30 de maio de 2008. Disponível em: <http://www.cade.gov.br/ Default. aspx?a8889b6caa60b241d345d069fc>. Acesso em 31 mai. 2013.

BRASIL. Conselho Administrativo de Defesa Econômica. Ato de concentração n. 08012.008848/2005-72, Rel. Ricardo Villas Boas Cuevas, 31 de julho de 2008. Disponível em: <http://www.cade.gov.br/ Default. aspx?a8889b6caa60b241d345d069fc>. Acesso em 31 mai. 2013.

BRASIL. Conselho Administrativo de Defesa Econômica. Ato de concentração n. 08012.002467/2008-22, Rel. Fernando de Magalhães Furlan, 8 de outubro de 2010. Disponível em: <http://www.cade.gov.br/ Default. aspx?a8889b6caa60b241d345d069fc>. Acesso em 31 mai. 2013.

BRASIL. Conselho Administrativo de Defesa Econômica. **Súmula nº 02**. A aquisição de participação minoritária sobre capital votante pelo sócio que já detenha participação majoritária não configura ato de notificação obrigatória (art. 54 da Lei n. 8.884/94) se concorrerem as seguintes circunstâncias: (i) o vendedor não detinha poderes decorrentes de lei, estatuto ou contrato de (i.a) indicar administrador, (i.b) determinar política comercial ou (i.c) vetar qualquer matéria social e (ii) do(s) ato(s) jurídico(s) não constem cláusulas (ii.a) de não-concorrência com prazo superior a cinco anos e/ou abrangência territorial superior à de efetiva atuação da sociedade objeto e (ii.b) de que decorra qualquer tipo de poder de controle entre as partes após a operação. 27 ago. 2007. Disponível em: <http://www.cade.gov.br/ Default.aspx?91a475849d73898a9ca9bb8ca7>. Acesso em 01.06.2013.

BRASIL. Superior Tribunal de Justiça. Recurso Especial n. 784/RJ, Rel. Min. Barros Monteiro, 20 de novembro de 1989. Disponível em: <http://www.stj.jus.br/SCON/jurisprudencia/toc.jsp?tipo_visualizacao=null&livre=%28%22BARROS+MONTEIRO%22%29.min.&processo=784&b=ACOR&thesaurus=JURIDICO>Acesso em: 31 mai. 2013.

BRASIL. Tribunal Regional Federal. Apelação Cível n. 96.01.52123-2/DF, Rel. Glaucio Maciel Gonçalves, 1ª Região. 15 de setembro de 2005. Disponível em: <http://jurisprudencia.trfl.jus.br/busca/>. Acesso em: 31 mai. 2013.

ÍNDICE

Prefácio..5

LISTA DE SIGLAS E ABREVIATURAS...11

INTRODUÇÃO...13

1. CONFRONTOS PRELIMINARES ENTRE O DIREITO SOCIETÁRIO
E O DIREITO CONCORRENCIAL..17
1.1 Considerações gerais 17
1.2 O direito societário e o direito concorrencial sob o prisma constitucional......18
1.3 A definição de controle e influência significativa para o direito societário 21
1.3.1 Controle acionário e influência significativa segundo a Lei nº 6.404/76.......24
1.3.2 Controle societário e influência significativa segundo o Código Civil...........33
1.4 A ausência de definição de controle e influência relevante
na legislação concorrencial 35
1.5 Grupo para o direito societário e para o direito concorrencial.........................43
1.6 Confronto entre o direito societário e o direito concorrencial..........................52

2. ELEMENTOS SOCIETÁRIOS INTERNOS DE CONFIGURAÇÃO DE
CONTROLE E INFLUÊNCIA RELEVANTE A EFEITOS CONCORRENCIAIS..59
2.1 Considerações gerais..59
2.2 Composição acionária/societária da sociedade...60
2.2.1 Concentração e dispersão da propriedade do capital social 60
2.2.2 Natureza da participação acionária/societária e caráter votante 65
2.2.3 Propriedade da participação votante e legitimidade para votar....................69
2.3 Estrutura organizacional da sociedade 73

2.4. Matérias de competência de acionistas/sócios 73
2.4.1 Fusão, cisão e incorporação de sociedades..73
2.4.2 Objeto social 74
2.4.3 Dissolução 74
2.4.4 Nomeação de administradores...75
2.4.5 Destituição de administradores..78
2.4.6 Transformação do tipo jurídico da sociedade 79
2.5 Matérias de competência do conselho de administração....................................80
2.6 Disposições estatutárias e/ou contratuais...80

3. CONTROLE SOCIETÁRIO A EFEITOS CONCORRENCIAIS 83
3.1 Considerações gerais..83
3.2 Controle concorrencial único 83
3.2.1 Controle concorrencial único majoritário..84
3.2.2 Controle concorrencial único minoritário...86
3.2.3 Aquisição de participação acionária/societária por controlador 89
3.3 Controle concorrencial compartilhado 112
3.4 Controle concorrencial em sociedade por ações aberta.....................................121
3.5 Considerações sobre influência relevante e participações passivas..................123
3.5.1 Influência relevante..123
3.5.2 Participações societárias/acionárias passivas..132
3.5.3 Regulamentação aplicável 134

CONCLUSÃO..139

REFERÊNCIAS 143

SUMÁRIO...155